BUG-JARGAL

CLAUDE GUEUX

TYPOGRAPHIE DE CH. LAHURE
Imprimeur du Sénat et de la Cour de Cassation
rue de Vaugirard, 9

VICTOR HUGO

BUG-JARGAL

CLAUDE GUEUX

COLLECTION HETZEL

PARIS

LIBRAIRIE DE L. HACHETTE ET Cie

RUE PIERRE-SARRAZIN, N° 14

1858

En 1818, l'auteur de ce livre avait seize ans ; il paria qu'il écrirait un volume en quinze jours. Il fit *Bug-Jargal*. Seize ans, c'est l'âge où l'on parie pour tout et où l'on improvise sur tout.

Ce livre a donc été écrit deux ans avant *Han d'Islande*. Et quoique, sept ans plus tard, en 1825, l'auteur l'ait remanié et récrit en grande partie, il n'en est pas moins, et par le fond et par beaucoup de détails, le premier ouvrage de l'auteur.

Il demande pardon à ses lecteurs de les entretenir de détails si peu importants ; mais il a cru que le petit nombre de personnes qui aiment à classer par rang de taille et par ordre de naissance les œuvres d'un poëte, si obscur qu'il soit, ne lui sauraient pas mauvais gré de leur donner l'âge de *Bug-Jargal;* et, quant à lui, comme ces voyageurs qui se retournent au milieu de leur chemin et cherchent à découvrir encore dans les plis brumeux de l'horizon le lieu d'où ils sont partis, il a voulu donner ici un souvenir à cette époque de sérénité, d'audace et de confiance où il abordait de front un si immense sujet : la révolte des noirs de Saint-Domingue en 1791, lutte de géants, trois mondes intéressés dans la question, l'Europe et l'Afrique pour combattants, l'Amérique pour champ de bataille.

24 mars 1832.

L'épisode qu'on va lire, et dont le fond est emprunté à la révolte des esclaves de Saint-Domingue en 1791, a un air de circonstance (1) qui eût suffi pour empêcher l'auteur de le publier. Cependant une ébauche de cet opuscule ayant été déjà imprimée et distribuée à un nombre restreint d'exemplaires, en 1820, à une époque où la politique du jour s'occupait fort peu d'Haïti, il est évident que, si le sujet qu'il traite a pris depuis un nouveau degré d'intérêt, ce n'est pas la faute de l'auteur. Ce sont les événements qui se sont arrangés pour le livre, et non le livre pour les événements.

Quoi qu'il en soit, l'auteur ne songeait pas à tirer cet ouvrage de l'espèce de demi-jour où il était comme enseveli ; mais, averti qu'un libraire de la capitale se proposait de réimprimer son esquisse anonyme, il a cru devoir prévenir cette réimpression en mettant lui-même au jour son travail revu et en quelque sorte refait, précaution qui épargne un ennui à son amour-propre d'auteur, et au libraire susdit une mauvaise spéculation.

(1) Cette préface, qui accompagnait les premières éditions, date de janvier 1826.

Plusieurs personnes distinguées qui, soit comme colons, soit comme fonctionnaires, ont été mêlées aux troubles de Saint-Domingue, ayant appris la prochaine publication de cet épisode, ont bien voulu communiquer spontanément à l'auteur des matériaux d'autant plus précieux qu'ils sont presque tous inédits. L'auteur leur en témoigne ici sa vive reconnaissance. Ces documents lui ont été singulièrement utiles pour rectifier ce que le récit du capitaine d'Auverney présentait d'incomplet sous le rapport de la couleur locale, et d'incertain relativement à la vérité historique.

Enfin, il doit encore prévenir les lecteurs que l'histoire de *Bug-Jargal* n'est qu'un fragment d'un ouvrage plus étendu, qui devait être composé avec le titre de *Contes sous la Tente*. L'auteur suppose que, pendant les guerres de la révolution, plusieurs officiers français conviennent entre eux d'occuper chacun à leur tour la longueur des nuits du bivac, par le récit de quelqu'une de leurs aventures. L'épisode que l'on publie ici faisait partie de cette série de narrations; il peut en être détaché sans inconvénient; et d'ailleurs l'ouvrage dont il devait faire partie n'est point fini, ne le sera jamais, et ne vaut pas la peine de l'être.

Mon poignard me fut violemment arraché.

BUG-JARGAL

I

..... Quand vint le tour du capitaine Léopold d'Auverney, il ouvrit de grands yeux, et avoua à ces messieurs
qu'il ne connaissait réellement aucun événement de sa vie
qui méritât de fixer leur attention. — Mais, capitaine, lui
dit le lieutenant Henri, vous avez pourtant, dit-on, voyagé
et vu le monde. N'avez-vous pas visité les Antilles, l'Afrique et l'Italie, l'Espagne?... Ah! capitaine, votre chien
boiteux.

D'Auverney tressaillit, laissa tomber son cigare et se
retourna brusquement vers l'entrée de la tente, au moment où un chien énorme accourait en boitant vers lui. Le
chien écrasa en passant le cigare du capitaine; le capitaine
n'y fit nulle attention. Le chien lui lécha les pieds, le
flatta avec sa queue, jappa, gambada de son mieux, puis
se vint coucher devant lui. Le capitaine, ému, oppressé,
le caressait machinalement de la main gauche, en déta-
chant de l'autre la mentonnière de son casque, et répétait
de temps en temps : — Te voilà, Rask! te voilà! Enfin il
s'écria : — Mais qui t'a donc ramené ?

— Avec votre permission, mon capitaine...

Depuis quelques minutes, le sergent Thadée avait sou-
levé le rideau de la tente, et se tenait debout, le bras droit

enveloppé dans sa redingote, les larmes aux yeux, et contemplant en silence le dénoûment de l'Odyssée. Il hasarda
à la fin ces paroles : *Avec votre permission, mon capitaine*... D'Auverney leva les yeux. — C'est toi, Thad; et
comment diable as-tu pu ?... Pauvre chien! je le croyais
dans le camp anglais. Où donc l'as-tu trouvé?

— Dieu merci! vous m'en voyez, mon capitaine, aussi
joyeux que monsieur votre neveu quand vous lui faisiez
décliner *cornu*, la corne; *cornu*, de la corne...

— Mais dis-moi donc où tu l'as trouvé?

— Je ne l'ai pas trouvé, mon capitaine, j'ai bien été le
chercher.

Le capitaine se leva et tendit la main au sergent, mais
la main du sergent resta enveloppée dans sa redingote. Le
capitaine n'y prit point garde.

— C'est que... voyez-vous, mon capitaine, depuis que
ce pauvre Rask s'est perdu, je me suis aperçu, avec votre
permission, s'il vous plaît, qu'il vous manquait quelque
chose. Pour tout vous dire, je crois que le soir où il ne
vint pas, comme à l'ordinaire, partager mon pain de mu-
nition, peu s'en fallut que le vieux Thad ne se prit à pleurer comme un enfant. Mais non, Dieu merci; je n'ai pleuré
que deux fois dans ma vie : la première quand... le jour
où... — Et le sergent regardait son maître avec inquiétude. La seconde, lorsqu'il prit idée à ce drôle de Baltha-
zar, caporal dans la septième demi-brigade, de me faire
éplucher une botte d'ognons.

— Il me semble, Thadée, s'écria en riant Henri, que
vous ne nous dites pas à quelle occasion vous pleurâtes
pour la première fois.

— C'est sans doute, mon vieux, quand tu reçus l'acco-
lade de Latour-d'Auvergne, premier grenadier de France?
demanda avec affection le capitaine, continuant à caresser
le chien.

—Non, mon capitaine, si le sergent Thadée a pu pleurer, ce n'a pu être, et vous en conviendrez, que le jour où il a crié *feu!* sur Bug-Jargal, autrement dit Pierrot.

Un nuage se répandit sur tous les traits de d'Auverney. Il s'approcha vivement du sergent et voulut lui serrer la main; mais, malgré un tel excès d'honneur, le vieux Thadée la retint cachée sous sa capote.

—Oui, mon capitaine, continua Thadée en reculant de quelques pas, tandis que d'Auverney fixait sur lui des regards pleins d'une expression pénible; oui, j'ai pleuré cette fois-là; aussi, vraiment il le méritait bien! Il était noir, cela est vrai, mais la poudre à canon est noire aussi, et... et...

Le bon sergent aurait bien voulu achever honorablement sa bizarre comparaison. Il y avait peut-être quelque chose dans ce rapprochement qui plaisait à sa pensée; mais il essaya inutilement de l'exprimer; et, après avoir plusieurs fois attaqué, pour ainsi dire, son idée dans tous les sens, comme un général d'armée qui échoue contre une place forte, il en leva brusquement le siége, et poursuivit sans prendre garde au sourire des jeunes officiers qui l'écoutaient.

—Dites, mon capitaine, vous souvient-il de ce pauvre nègre, quand il arriva tout essoufflé, à l'instant même où ses dix camarades étaient là? Vraiment, il avait bien fallu les lier... C'était moi qui commandais. Et quand il les détacha lui-même pour reprendre leur place, quoiqu'ils ne le voulussent pas; mais il fut inflexible. Oh! quel homme! c'était un vrai Gibraltar. Et puis, dites, mon capitaine? quand il se tenait là, comme s'il allait entrer en danse, et son chien, le même Rask qui est ici, qui comprit ce qu'on allait lui faire, et qui me sauta à la gorge...

—Ordinairement, Thad, interrompit le capitaine, tu ne

laissais point passer cet endroit de ton récit sans faire quelques caresses à Rask; vois comme il te regarde!

— Vous avez raison, dit Thadée avec embarras, il me regarde, ce pauvre Rask, mais... la vieille Malagrida m'a dit que de caresser de la main gauche porte malheur.

— Et pourquoi pas de la main droite? demanda d'Auverney avec surprise, et remarquant pour la première fois la main enveloppée dans la redingote et la pâleur répandue sur le visage de Thad. Le trouble du sergent parut redoubler.

— Avec votre permission, mon capitaine, c'est que... Vous avez déjà un chien boiteux, je crains que vous ne finissiez par avoir aussi un sergent manchot. Le capitaine s'élança de son siége.—Comment? quoi? que dis-tu, mon vieux Thadée? manchot!... Voyons ton bras. Manchot, grand Dieu!

D'Auverney tremblait : le sergent déroula lentement son manteau et offrit aux yeux de son chef son bras enveloppé d'un mouchoir ensanglanté. — Eh! mon Dieu! murmura le capitaine en soulevant le linge avec précaution. Mais dis-moi donc, mon ancien...

— Oh! la chose est toute simple. Je vous ai dit que j'avais remarqué votre chagrin depuis que ces maudits Anglais nous avaient enlevé votre beau chien, ce pauvre Rask, le dogue de Bug... Il suffit. Je résolus aujourd'hui de le ramener, dût-il m'en coûter la vie, afin de souper ce soir de bon appétit. C'est pourquoi, après avoir recommandé à Mathelet, votre soldat, de bien brosser votre grand uniforme, parce que c'est demain jour de bataille, je me suis esquivé tout doucement du camp, armé seulement de mon sabre, et j'ai pris à travers les haies pour être plus tôt au camp des Anglais. Je n'étais pas encore aux premiers retranchements quand, avec votre permission, mon capitaine, dans un petit bois sur la gauche, j'ai vu un grand attroupement de soldats rouges. Je me suis avancé pour flairer ce que c'était, et, comme ils ne prenaient pas garde à moi, j'ai aperçu au milieu d'eux Rask attaché à un arbre, tandis que deux milords, nus jusqu'ici comme des païens, se donnaient sur les os de grands coups de poing qui faisaient autant de bruit que la grosse caisse d'une demi-brigade. C'étaient deux particuliers anglais, s'il vous plaît, qui se battaient en duel pour votre chien. Mais voilà Rask qui me voit, et qui donne un tel coup de collier que la corde casse, et que le drôle est en un clin d'œil sur mes trousses. Vous pensez bien que toute l'autre bande ne reste pas en arrière; je m'enfonce dans le bois. Rask me suit. Plusieurs balles sifflent à mes oreilles. Rask aboyait : mais heureusement ils ne pouvaient l'entendre, à cause de leurs cris de *french dog, french dog!* comme si votre chien n'était pas un beau et bon chien de Saint-Domingue. N'importe, je traverse le hallier, et j'étais près d'en sortir quand deux rouges se présentent devant moi. Mon sabre me débarrasse de l'un, et m'aurait sans doute délivré de l'autre si son pistolet n'eût été chargé à balle... Vous voyez mon bras droit. — N'importe! *french dog* lui a sauté au cou, comme une ancienne connaissance : l'Anglais est tombé étranglé, et je vous réponds que l'embrassement a été rude... — Aussi pourquoi ce diable d'homme s'acharne-t-il après moi, comme un pauvre après un séminariste? Enfin Thad est de retour au camp, et Rask aussi. Mon seul regret, c'est que le bon Dieu n'ait pas voulu m'envoyer plutôt cela à la bataille de demain. — Voilà!

Les traits du vieux sergent s'étaient rembrunis à l'idée de n'avoir point eu sa blessure dans une bataille. — Thadée!... cria le capitaine d'un ton irrité. Puis il ajouta plus doucement : Comment es-tu fou à ce point de t'exposer ainsi pour un chien?... — Ce n'était pas pour un chien, mon capitaine, c'était pour Rask.

Le visage de d'Auverney se radoucit tout à fait. Le sergent continua : — Pour Rask, le dog de Bug... — Assez! assez! mon vieux Thad, cria le capitaine en mettant la main sur ses yeux. — Allons, ajouta-t-il après un court silence, appuie-toi sur moi, et viens à l'ambulance.

Thadée obéit après une résistance respectueuse. Le chien, qui, pendant cette scène, avait à moitié rongé de joie la belle peau d'ours de son maître, se leva et les suivit tous deux.

II

Cet épisode avait vivement excité l'attention et la curiosité des joyeux conteurs. Le capitaine Léopold d'Auverney était un de ces hommes qui, sur quelque échelon que le hasard de la nature et le mouvement de la société les aient placés, inspirent toujours un certain respect mêlé d'intérêt. Il n'avait cependant peut-être rien de frappant au premier abord ; ses manières étaient froides, son regard indifférent. Le soleil des tropiques, en brunissant son visage, ne lui avait point donné cette vivacité de geste et de parole qui s'unit chez les créoles à une nonchalance souvent pleine de grâce. D'Auverney parlait peu, écoutait rarement, et se montrait sans cesse prêt à agir. Toujours le premier à cheval et le dernier sous la tente, il semblait chercher dans les fatigues corporelles une distraction à ses pensées. Ces pensées, qui avaient gravé leur triste sévérité dans les rides précoces de son front, n'étaient pas de celles dont on se débarrasse en les communiquant, ni de celles qui, dans une conversation frivole, se mêlent volontiers aux idées d'autrui. Léopold d'Auverney, dont les travaux de la guerre ne pouvaient rompre le corps, paraissait éprouver une fatigue insupportable dans ce que nous appelons les luttes d'esprit. Il fuyait les discussions comme il cherchait les batailles. Si quelquefois il se laissait entraîner à un débat de paroles, il prononçait trois ou quatre mots pleins de sens et de haute raison; puis, au moment de convaincre son adversaire, il s'arrêtait tout court en disant : *A quoi bon?...* et sortait pour demander au commandant ce qu'on pourrait faire en attendant l'heure de la charge ou de l'assaut.

Ses camarades excusaient ses habitudes froides, réservées et taciturnes, parce qu'en toute occasion ils le trouvaient brave, bon et bienveillant. Il avait sauvé la vie de plusieurs d'entre eux au risque de la sienne, et l'on savait que, s'il ouvrait rarement la bouche, sa bourse du moins n'était jamais fermée. On l'aimait dans l'armée, et on lui pardonnait même de se faire en quelque sorte vénérer.

Cependant il était jeune. On lui eût donné trente ans, et il était loin encore de les avoir. Quoiqu'il combattît déjà depuis un certain temps dans les rangs républicains, on ignorait ses aventures. Le seul être qui, avec Rask, pût lui arracher quelque vive démonstration d'attachement, le bon vieux sergent Thadée, qui était entré avec lui au corps et ne le quittait pas, contait parfois vaguement quelques circonstances de sa vie. On savait que d'Auverney avait éprouvé de grands malheurs en Amérique; que, s'étant marié à Saint-Domingue, il avait perdu sa femme et toute sa famille au milieu des massacres qui avaient marqué l'invasion de la révolution dans cette magnifique colonie. A cette époque de notre histoire, les infortunes de ce genre étaient si communes, qu'il s'était formé pour elles une espèce de pitié générale dans laquelle chacun prenait et apportait sa part. On plaignait donc le capitaine d'Auverney, moins pour les pertes qu'il avait souffertes que pour sa manière de les souffrir. C'est qu'en effet, à travers son indifférence glaciale, on voyait quelquefois les tressaillements d'une plaie incurable et intérieure.

Dès qu'une bataille commençait, son front paraissait serein. Il se montrait intrépide dans l'action comme s'il eût cherché à devenir général, et modeste après la victoire comme s'il n'eût voulu être que simple soldat. Ses camarades, en lui voyant ce dédain des honneurs et des grades, ne comprenaient pas pourquoi, avant le combat, il paraissait espérer quelque chose, et ne devinaient point que d'Auverney, de toutes les chances de la guerre, ne désirait que la mort. Les représentants du peuple en mission à l'armée le nommèrent un jour chef de brigade sur le champ de bataille ; il refusa, parce qu'en se séparant de la compagnie il aurait fallu quitter le sergent Thadée. Quelques jours après, il s'offrit pour conduire une expédition hasardeuse, et en revint, contre l'attente générale et contre son espérance. On l'entendit alors regretter le grade qu'il avait refusé : —Car, disait-il, puisque le canon ennemi m'épargne toujours, la guillotine, qui frappe tous ceux qui s'élèvent, aurait peut-être voulu de moi.

III

Tel était l'homme sur le compte duquel s'engagea la conversation suivante quand il fut sorti de la tente.

—Je parierais, s'écria le lieutenant Henri en essuyant sa botte rouge, sur laquelle le chien avait laissé en passant une large tache de boue, je parierais que le capitaine ne donnerait pas la patte cassée de son chien pour ces dix paniers de Madère que nous entrevîmes l'autre jour dans le grand fourgon du général.

—Chut ! chut ! dit gaiement l'aide de camp Paschal, ce serait un mauvais marché... Les paniers sont à présent vides : j'en sais quelque chose ; et, ajouta-t-il d'un air sérieux, trente bouteilles décachetées ne valent certainement pas, vous en conviendrez, lieutenant, la patte de ce pauvre chien, patte dont on pourrait, après tout, faire une poignée de sonnette.

L'assemblée se mit à rire du ton grave dont l'aide de camp prononçait ces dernières paroles. Le jeune officier des hussards basques, Alfred, qui seul n'avait pas ri, prit un air mécontent. — Je ne vois pas, messieurs, ce qui peut prêter à la raillerie dans ce qui vient de se passer. Ce chien et ce sergent, que j'ai toujours vus auprès de d'Auverney depuis que je le connais, me semblent susceptibles de faire naître quelque intérêt. Enfin, cette scène...

Paschal, piqué et du mécontentement d'Alfred et de la bonne humeur des autres, l'interrompit. — Cette scène est très-sentimentale. Comment donc! un chien retrouvé et un bras cassé!

— Capitaine Paschal, vous avez tort, dit Henri en jetant hors de la tente la bouteille qu'il venait de vider, ce Bug..., autrement dit Pierrot, pique singulièrement ma curiosité...

Paschal, prêt à se fâcher, s'apaisa en remarquant que son verre, qu'il croyait vide, était plein. D'Auverney rentra : il alla se rasseoir à sa place sans prononcer une parole. Son air était pensif, mais son visage était plus calme. Il paraissait si préoccupé, qu'il n'entendait rien de ce qui se disait autour de lui. Rask, qui l'avait suivi, se coucha à ses pieds en le regardant d'un air inquiet. — Votre verre, capitaine d'Auverney. Goûtez de celui-ci...

— Oh! grâce à Dieu, dit le capitaine, croyant répondre à la question de Paschal, la blessure n'est pas dangereuse, le bras n'est pas cassé.

Le respect involontaire que le capitaine inspirait à tous ses compagnons d'armes contint seul l'éclat de rire prêt à éclore sur les lèvres de Henri. — Puisque vous n'êtes plus aussi inquiet de Thadée, dit-il, et que nous sommes convenus de raconter chacun une de nos aventures pour abré-

2

ger cette nuit de bivac, j'espére, mon cher ami, que
vous voudrez bien remplir votre engagement, en nous disant l'histoire de votre chien boiteux et de Bug... je ne
sais comment, autrement dit Pierrot, ce vrai Gibraltar!

A cette question, faite d'un ton moitié sérieux, moitié
plaisant, d'Auverney n'aurait rien répondu si tous n'eussent joint leurs instances à celles du lieutenant. Il céda
enfin à leurs prières. — Je vais vous satisfaire, messieurs;
mais n'attendez que le récit d'une anecdote toute simple,
dans laquelle je ne joue qu'un rôle très-secondaire. Si l'attachement qui existe entre Thadée, Rask et moi, vous a
fait espérer quelque chose d'extraordinaire, je vous préviens que vous vous trompez. Je commence.

Alors il se fit un grand silence. Paschal vida d'un trait
sa gourde d'eau-de-vie, et Henri s'enveloppa de la peau
d'ours à demi rongée, pour se garantir du frais de la nuit,
tandis qu'Alfred achevait de fredonner l'air galicien de
mataperros. D'Auverney resta un moment rêveur, comme
pour rappeler à son souvenir des événements depuis longtemps remplacés par d'autres; enfin il prit la parole,
lentement, presque à voix basse et avec des pauses fréquentes.

IV

Quoique né en France, j'ai été envoyé de bonne heure à
Saint-Domingue, chez un de mes oncles, colon très-riche,
dont je devais épouser la fille. Les habitations de mon oncle étaient voisines du fort Galifet, et ses plantations occupaient la majeure partie des plaines de l'Acul. Cette
malheureuse position, dont le détail vous semble sans
doute offrir peu d'intérêt, a été l'une des premières causes
des désastres et de la ruine totale de ma famille.

Huit cents nègres cultivaient les immenses domaines de mon oncle. Je vous avouerai que la triste condition dé ces esclaves était encore aggravée par l'insensibilité de leur maitre. Mon oncle était du nombre, heureusement assez restreint, de ces planteurs dont une longue habitude de despotisme absolu avait endurci le cœur. Accoutumé à se voir obéi au premier coup d'œil, la moindre hésitation de la part d'un esclave était punie des plus mauvais traitements, et souvent l'intercession de ses enfants ne servait qu'à accroître sa colère. Nous étions donc le plus souvent obligés de nous borner à soulager en secret des maux que nous ne pouvions prévenir. — Comment! mais voilà des phrases, dit Henri à demi-voix, en se penchant vers son voisin. Allons, j'espère que le capitaine ne laissera pas passer les malheurs des *ci-devant noirs* sans quelque petite dissertation sur les devoirs qu'impose l'humanité, *et cætera*. On n'en eût pas été quitte à moins au club Massiac (1).

— Je vous remercie, Henri, de m'épargner un ridicule, dit froidement d'Auverney, qui l'avait entendu. Il poursuivit. — Entre tous ces esclaves, un seul avait trouvé

(1) Nos lecteurs ont sans doute oublié que le club *Massiac*, dont parle le lieutenant Henri, était une association de *négrophiles*. Ce club, formé à Paris au commencement de la Révolution, avait provoqué la plupart des insurrections qui éclatèrent alors dans les colonies.

On pourra s'étonner aussi de la légèreté un peu hardie avec laquelle le jeune lieutenant raille les *philanthropes* qui régnaient encore à cette époque par la grâce du bourreau. Mais il faut se rappeler qu'avant, pendant et après la terreur, la liberté de penser et de parler s'était réfugiée dans les camps. Ce noble privilége coûtait de temps en temps la tête à un général ; mais il absout de tout reproche la gloire si éclatante de ces soldats que les dénonciateurs de la Convention appelaient les « *messieurs* de l'armée du Rhin. »

grâce devant mon oncle. C'était un nain espagnol griffe (1)
de couleur, qui lui avait été donné par lord Effingham,
gouverneur de la Jamaïque. Mon oncle, qui, ayant longtemps résidé au Brésil, y avait contracté les habitudes du
faste portugais, aimait à s'environner chez lui d'un appareil qui répondît à sa richesse. De nombreux esclaves,
dressés au service comme des domestiques européens, donnaient à sa maison un éclat en quelque sorte seigneurial.
Pour que rien n'y manquât, il avait fait de l'esclave de
lord Effingham son *fou*, à l'imitation de ces anciens prin-
ces féodaux qui avaient des bouffons dans leurs cours. Il
faut dire que le choix était singulièrement heureux. Le
griffe Habibrah (c'était son nom) était un de ces êtres
dont la conformation physique est si étrange, qu'ils parai-

(1) Une explication précise sera peut-être nécessaire à l'intelligence de ce mot. M. Moreau de Saint-Méry, en développant le
système de Franklin, a classé dans des espèces génériques les
différentes teintes que présentent les mélanges de la population
de couleur. Il suppose que l'homme forme un tout de cent vingt-
huit parties, blanches chez les blancs, et noires chez les noirs.
Partant de ce principe, il établit que l'on est d'autant plus près
ou plus loin de l'une ou de l'autre couleur qu'on se rapproche ou
qu'on s'éloigne davantage du terme soixante-quatre. qui leur
sert de moyenne proportionnelle. D'après ce système, tout
homme qui n'a point huit parties de blanc est réputé noir. Marchant de cette couleur vers le blanc, on distingue neuf souches
principales, qui ont encore entre elles des variétés d'après le
plus ou moins de parties qu'elles retiennent de l'une ou de l'autre couleur. Ces neuf espèces sont le *sacatra*, le *griffe*, le *mara-
bout*, le *mulâtre*, le *quarteron*, le *métis*, le *mamelouc*, le *quarte-
ronné*, le *sang-mêlé*. Le *sang-mêlé*, en continuant son union avec
le blanc, finit en quelque sorte par se confondre avec cette couleur. On assure pourtant qu'il conserve toujours sur une certaine
partie du corps la trace ineffaçable de son origine. Le *griffe* est
le résultat de cinq combinaisons, et peut avoir depuis vingt-
quatre jusqu'à trente-deux parties blanches, et quatre-vingt-
seize ou cent quatre noires.

traient des monstres s'ils ne faisaient rire. Ce nain hideux
était gros, court, ventru, et se mouvait avec une rapidité
singulière sur deux jambes grêles et fluettes, qui, lorsqu'il
s'asseyait, se repliaient sous lui comme les bras d'une arai-
gnée. Sa tête énorme, lourdement enfoncée entre ses épaules, hérissée d'une laine rousse et crépue, était accompa-
gnée de deux oreilles si larges, que ses camarades avaient
coutume de dire qu'Habibrah s'en servait pour essuyer ses
yeux quand il pleurait. Son visage était toujours une gri-
mace, et n'était jamais la même : bizarre mobilité de
traits, qui, du moins, donnait à sa laideur l'avantage de la
variété. Mon oncle l'aimait à cause de sa difformité rare
et de sa gaieté inaltérable. Habibrah était son favori. Tandis que les autres esclaves étaient rudement accablés de
travail, Habibrah n'avait d'autre soin que de porter derrière le maître un large éventail de plumes d'oiseaux de
paradis, pour chasser les moustiques et les bigailles. Mon
oncle le faisait manger à ses pieds sur une natte de jonc,
et lui donnait toujours sur sa propre assiette quelque reste
de son mets de prédilection. Aussi Habibrah se montrait-il
reconnaissant de tant de bontés ; il n'usait de ses priviléges de bouffon, de son droit de tout faire et de tout dire,
que pour divertir son maître par mille folles paroles entre-
mêlées de contorsions, et au moindre signe de mon oncle
il accourait avec l'agilité d'un singe et la soumission d'un
chien.

Je n'aimais pas cet esclave. Il y avait quelque chose de
trop rampant dans sa servilité ; et, si l'esclavage ne désho-
nore pas, la domesticité avilit. J'éprouvais un sentiment
de pitié bienveillante pour ces malheureux nègres que je
voyais travailler tout le jour sans presque qu'aucun vêtement cachât leur chaîne ; mais ce baladin difforme, cet
esclave fainéant, avec ses ridicules habits bariolés de ga-
lons et semés de grelots, ne m'inspirait que du mépris.

D'ailleurs le nain n'usait pas en bon frère du crédit que ses bassesses lui avaient donné sur le patron commun. Jamais il n'avait demandé une grâce à un maître qui infligeait si souvent des châtiments ; et on l'entendit même un jour, se croyant seul avec mon oncle, l'exhorter à redoubler de sévérité envers ses infortunés camarades. Les autres esclaves cependant, qui auraient dû le voir avec défiance et jalousie, ne paraissaient pas le haïr. Il leur inspirait une espèce de crainte respectueuse qui ne ressemblait point à l'inimitié ; et, quand ils le voyaient passer au milieu de leurs cases avec son grand bonnet pointu orné de sonnettes, sur lequel il avait tracé des figures bizarres en encre rouge, ils se disaient entre eux à voix basse : *C'est un obi* (1) !

Ces détails, sur lesquels j'arrête en ce moment votre attention, messieurs, m'occupaient fort peu alors. Tout entier aux pures émotions d'un amour que rien ne semblait devoir traverser, d'un amour éprouvé et partagé depuis l'enfance par la femme qui m'était destinée, je n'accordais que des regards fort distraits à tout ce qui n'était pas Marie. Accoutumé dès l'âge le plus tendre à considérer comme ma future épouse celle qui était déjà en quelque sorte ma sœur, il s'était formé entre nous une tendresse dont on ne comprendrait pas encore la nature si je disais que notre amour était un mélange de dévouement fraternel, d'exaltation passionnée et de confiance conjugale. Peu d'hommes ont coulé plus heureusement que moi leurs premières années ; peu d'hommes ont senti leur âme s'épanouir à la vie sous un plus beau ciel, dans un accord plus délicieux de bonheur pour le présent et d'espérance pour l'avenir. Entouré presque en naissant de tous les contentements de la richesse, de tous les priviléges du rang dans

(1) Un sorcier.

un pays où la couleur suffisait pour le donner, passant
mes journées près de l'être qui avait tout mon amour,
voyant cet amour favorisé de nos parents, qui seuls auraient pu l'entraver, et tout cela dans l'âge où le sang
bouillonne, dans une contrée où l'été est éternel, où la na
ture est admirable ; en fallait-il plus pour me donner une
foi aveugle dans mon heureuse étoile ? en faut-il plus pour
me donner le droit de dire que peu d'hommes ont coulé
plus heureusement que moi leurs premières années?... Le
capitaine s'arrêta un moment, comme si la voix lui eût
manqué pour ces souvenirs de bonheur. Puis il poursuivit
avec un accent profondément triste : — Il est vrai que
j'ai maintenant de plus le droit d'ajouter que nul ne cou-
lera plus déplorablement ses derniers jours.

Et, comme s'il eût repris de la force dans le sentiment
de son malheur, il continua d'une voix assurée.

V

C'est au milieu de ces illusions et de ces espérances
aveugles que j'atteignais ma vingtième année. Elle devait
être accomplie au mois d'août 1791, et mon oncle avait
fixé cette époque pour mon union avec Marie.

Vous comprenez aisément que la pensée d'un bonheur
si prochain absorbait toutes mes facultés, et combien doit
être vague le souvenir qui me reste des débats politiques
dont à cette époque la colonie était déjà agitée depuis
deux ans. Je ne vous entretiendrai donc ni du comte de
Peinier, ni de M. de Blanchelande, ni de ce malheureux
colonel de Mauduit dont la fin fut si tragique. Je ne vous
peindrai point les rivalités de l'assemblée *provinciale* du
Nord, et de cette assemblée *coloniale* qui prit le titre d'assemblée *générale,* trouvant que le mot *coloniale* sentait

l'esclavage. Ces misères, qui ont bouleversé alors tous les
esprits, n'offrent plus maintenant d'intérêt que par les dé́s
astres qu'elles ont produits. Pour moi, dans cette jalou
sie mutuelle qui divisait le Cap et le Port-au-Prince, si j'a-
vais une opinion, ce devait être nécessairement en faveur
du Cap, dont nous habitions le territoire, et de l'assemblée
provinciale, dont mon oncle était membre.

Il m'arriva une seule fois de prendre une part un peu
vive à un débat sur les affaires du jour. C'était à l'occasion
de ce désastreux décret du 15 mai 1791, par lequel l'assemblée nationale de France admettait les hommes de couleur libres à l'égal partage des droits politiques avec les
blancs. Dans un bal donné à la ville du Cap par le gouver.
neur, plusieurs jeunes colons parlaient avec véhémence de
cette loi, qui blessait si cruellement l'amour-propre, peut-
être fondé, des blancs. Je ne m'étais point encore mêlé à
la conversation, lorsque je vis s'approcher du groupe un
riche planteur que les blancs admettaient difficilement
parmi eux, et dont la couleur équivoque faisait suspecter
l'origine. Je m'avançai brusquement vers cet homme en
lui disant à voix haute : « Passez outre, monsieur ; il se
« dit ici des choses désagréables pour vous, qui avez du
« *sang mêlé* dans les veines. » Cette imputation l'irrita au
point qu'il m'appela en duel. Nous fûmes tous deux blessés. J'avais eu tort, je l'avoue, de le provoquer ; mais il
est probable que ce qu'on appelle le *préjugé de la couleur*
n'eût pas suffi seul pour m'y pousser : cet homme avait
depuis quelque temps l'audace de lever les yeux jusqu'à
ma cousine, et au moment où je l'humiliai d'une manière
si inattendue, il venait de danser avec elle.

Quoi qu'il en fût, je voyais s'avancer avec ivresse le moment où je posséderais Marie, et je demeurais étranger à
l'effervescence toujours croissante qui faisait bouillonner
toutes les têtes autour de moi. Les yeux fixés sur mon

bonheur qui s'approchait, je n'apercevais pas le nuage effrayant qui déjà couvrait presque tous les points de notre
horizon politique, et qui devait, en éclatant, déraciner
toutes les existences. Ce n'est pas que les esprits, même
les plus prompts à s'alarmer, s'attendissent sérieusement
dès lors à la révolte des esclaves : on méprisait trop cette
classe pour la craindre; mais il existait seulement entre
les blancs et les mulâtres libres assez de haine pour que ce
volcan si longtemps comprimé bouleversât toute la colonie
au moment redouté où il se déchirerait. Dans les premiers
jours de ce mois d'août, si ardemment appelé de tous
mes vœux, un incident étrange vint mêler une inquiétude imprévue à mes tranquilles espérances.

VI

Mon oncle avait fait construire sur les bords d'une jolie
rivière qui baignait ses plantations, un petit pavillon de
branchage, entouré d'un massif d'arbres épais, où Marie
venait tous les jours respirer la douceur de ces brises de
mer qui, pendant les mois les plus brûlants de l'année,
soufflent régulièrement à Saint-Domingue depuis le matin
jusqu'au soir, et dont la fraîcheur augmente ou diminue
avec la chaleur même du jour.

J'avais soin d'orner moi-même tous les matins cette retraite des plus belles fleurs que je pouvais cueillir.

Un jour Marie accourt à moi tout effrayée. Elle était
entrée comme de coutume dans son cabinet de verdure, et
là elle avait vu, avec une surprise mêlée de terreur, toutes
les fleurs dont je l'avais tapissé le matin arrachées et fou-
lées aux pieds; un bouquet de soucis sauvages fraîchement
cueillis était déposé à la place où elle avait coutume de
s'asseoir. Elle n'était pas encore revenue de sa stupeur,

qu'elle avait entendu les sons d'une guitare sortir du milieu du taillis même qui environnait le pavillon ; puis une
voix, qui n'était pas la mienne, avait commencé à chanter
doucement une chanson qui lui avait paru espagnole, et
dans laquelle son trouble, et sans doute aussi quelque pu-
deur de vierge, l'avaient empêchée de comprendre autre
chose que son nom, fréquemment répété. Alors elle avait
eu recours à une fuite précipitée, à laquelle heureusement
il n'avait point été mis d'obstacle. Ce récit me transporta
d'indignation et de jalousie... Mes premières conjectures
s'arrêtèrent sur le *sang-mêlé* libre avec qui j'avais eu ré-
cemment une altercation ; mais, dans la perplexité où j'é-
tais jeté, je résolus de ne rien faire légèrement. Je rassu-
rai la pauvre Marie, et je me promis de veiller sans relâche sur elle, jusqu'au moment prochain où il me serait
permis de la protéger encore de plus près.

Présumant bien que l'audacieux dont l'insolence avait
si fort épouvanté Marie ne se bornerait pas à cette première tentative pour lui faire connaître ce que je devinais
être son amour, je me mis dès le même soir en embuscade
autour du corps de bâtiment où reposait ma fiancée, après
que tout le monde fut endormi dans la plantation. Caché
dans l'épaisseur des hautes cannes à sucre, armé de mon
poignard, j'attendais. Je n'attendis pas en vain. Vers le
milieu de la nuit, un prélude mélancolique et grave, s'élevant dans le silence à quelques pas de moi, éveilla brusquement mon attention. Ce bruit fut pour moi comme une
secousse : c'était une guitare : c'était sous la fenêtre même
de Marie ! Furieux, brandissant mon poignard, je m'élançai vers le point d'où ces sons partaient, brisant sous mes
pas les tiges cassantes des cannes à sucre. Tout à coup je
me sentis saisir et renverser avec une force qui me parut
prodigieuse ; mon poignard me fut violemment arraché,
et je le vis briller au-dessus de ma tête. En même temps

deux yeux ardents étincelaient dans l'ombre tout près des miens, et une double rangée de dents blanches, que j'entrevoyais dans les ténèbres, s'ouvrait pour laisser passer ces mots, prononcés avec l'accent de la rage : *Te tengo! te tengo* (1)!

Plus étonné encore qu'effrayé, je me débattais vainement contre mon formidable adversaire, et déjà la pointe de l'acier se faisait jour à travers mes vêtements, lorsque Marie, que la guitare et ce tumulte de pas et de paroles avaient éveillée, parut subitement à sa fenêtre. Elle reconnut ma voix, vit briller un poignard, et poussa un cri d'angoisse et de terreur... Ce cri déchirant paralysa en quelque sorte la main de mon antagoniste victorieux ; il s'arrêta, comme pétrifié par un enchantement, promena encore quelques instants avec indécision le poignard sur ma poitrine ; puis, le jetant tout à coup : — Non ! dit-il cette fois en français, non ! elle pleurerait trop !—En achevant ces paroles bizarres, il disparut dans les touffes de roseaux, et, avant que je me fusse relevé, meurtri par cette lutte inégale et singulière, nul bruit, nul vestige ne restait de sa présence et de son passage.

Il me serait fort difficile de dire ce qui se passa en moi au moment où je revins de ma première stupeur entre les bras de ma douce Marie, à laquelle j'étais si étrangement conservé par celui-là même qui paraissait prétendre à me la disputer. J'étais plus que jamais indigné contre ce rival inattendu, et honteux de lui devoir la vie. Au fond, me disait mon amour-propre, c'est à Marie que je la dois, puisque c'est l'empire de sa voix qui a fait tomber le poignard. Cependant je ne pouvais me dissimuler qu'il y avait bien quelque générosité dans le sentiment qui avait décidé mon rival inconnu à m'épargner. Mais ce rival, quel était-

(1) Je te tiens ! je te tiens !

il donc? je me confondais en soupçons, qui tous se détrui-
saient les uns les autres. Ce ne pouvait être le planteur
sang-mêlé que ma jalousie s'était d'abord désigné. Il était
loin d'avoir cette force extraordinaire, et d'ailleurs ce n'é-
tait pas sa voix. L'individu avec qui j'avais lutté m'avait
paru nu jusqu'à la ceinture. Les esclaves seuls dans la colonie étaient ainsi à demi vêtus. Mais ce ne pouvait être un
esclave : des sentiments comme celui qui lui avait fait jeter le poignard ne me semblaient pas pouvoir appartenir à
un esclave; et d'ailleurs tout en moi se refusait à la ré-
voltante supposition d'avoir un esclave pour rival. Quel
était-il donc? je résolus d'attendre et d'épier.

VII

Marie avait éveillé la vieille nourrice qui lui tenait lieu
de la mère qu'elle avait perdue au berceau. Je passai le
reste de la nuit auprès d'elle, et dès que le jour fut venu
nous informâmes mon oncle de ces inexplicables événements. Sa surprise en fut extrême; mais son orgueil,
comme le mien, ne s'arrêta pas à l'idée que l'amant inconnu de sa fille pourrait être un esclave. La nourrice reçut ordre de ne plus quitter Marie; et, comme les séances
de l'assemblée provinciale, les soins que donnait aux principaux colons l'attitude de plus en plus menaçante des affaires coloniales, et les travaux des plantations, ne laissaient à mon oncle aucun loisir, il m'autorisa à accompagner sa fille dans toutes ses promenades jusqu'au jour de
mon mariage, qui était fixé au **22** août. En même temps,
présumant que le nouveau soupirant n'avait pu venir que
du dehors, il ordonna que l'enceinte de ses domaines fût
désormais gardée nuit et jour plus sévèrement que jamais.
Ces précautions prises, de concert avec mon oncle, je

voulus tenter une épreuve. J'allai au pavillon de la rivière, et, réparant le désordre de la veille, je lui rendis la parure de fleurs dont j'avais coutume de l'embellir pour Marie.

Quand l'heure où elle s'y retirait habituellement fut venue, je m'armai de ma carabine, chargée à balle, et je proposai à ma cousine de l'accompagner à son pavillon. La vieille nourrice nous suivit.

Marie, à qui je n'avais point dit que j'avais fait disparaître les traces qui l'avaient effrayée la veille, entra la première dans le cabinet de feuillage. — Vois, Léopold, me dit-elle, mon berceau est bien dans le même état de désordre où je l'ai laissé hier; voilà bien ton ouvrage gâté, tes fleurs arrachées, flétries; ce qui m'étonne, ajouta-t-elle en prenant un bouquet de soucis sauvages déposé sur le banc de gazon, ce qui m'étonne, c'est que ce vilain bouquet ne se soit pas fané depuis hier. Vois, cher ami, il a l'air d'être tout fraîchement cueilli. — J'étais immobile d'étonnement et de colère. En effet, mon ouvrage du matin même était déjà détruit; et ces tristes fleurs, dont la fraîcheur étonnait ma pauvre Marie, avaient repris insolemment la place des roses que j'avais semées. — Calme-toi, me dit Marie, qui vit mon agitation, calme-toi; c'est une chose passée, cet insolent n'y reviendra sans doute plus; mettons tout cela sous nos pieds, comme cet odieux bouquet. — Je me gardai bien de la détromper, de peur de l'alarmer; et, sans lui dire que celui qui devait, selon elle, *n'y plus revenir*, était déjà revenu, je la laissai fouler les soucis aux pieds, pleine d'une innocente indignation. Puis, espérant que l'heure était venue de connaître mon mystérieux rival, je la fis asseoir en silence entre sa nourrice et moi.

A peine avions-nous pris place que Marie mit son doigt sur ma bouche : quelques sons affaiblis par le vent et par le bruissement de l'eau venaient de frapper son oreille. J'écoutai; c'était le même prélude triste et lent qui la nuit

précédente avait éveillé ma fureur. Je voulus m'élancer de
mon siége; un geste de Marie me retint. — Léopold, me
dit-elle à voix basse, contiens-toi, il va peut-être chanter,
et sans doute ce qu'il dira nous apprendra qui il est. En
effet, une voix dont l'harmonie avait quelque chose de
mâle et de plaintif à la fois sortit un moment après du fond
du bois, et mêla aux notes graves de la guitare une romance espagnole, dont chaque parole retentit assez profondément dans mon oreille pour que ma mémoire puisse
encore aujourd'hui en retrouver presque toutes les expressions.

« Pourquoi me fuis-tu, Maria (1)? pourquoi me fuis-tu,
« jeune fille? pourquoi cette terreur quand tu m'entends?
« Je suis en effet bien formidable! je sais aimer, souffrir
« et chanter!

« Lorsqu'à travers les tiges élancées des cocotiers de la
« rivière je vois glisser ta forme légère et pure, un éblouis-
« sement trouble ma vue, ô Maria! et je crois voir passer
« un esprit!

« Et si j'entends, ô Maria! les accents enchantés qui
« s'échappent de ta bouche comme une mélodie, il me
« semble que mon cœur vient palpiter dans mon oreille,
« et mêle un bourdonnement plaintif à ta voix harmo-
« nieuse.

« Hélas! ta voix est plus douce pour moi que le chant
« même des jeunes oiseaux qui battent de l'aile dans le
« ciel, et qui viennent du côté de ma patrie;

« De ma patrie où j'étais roi, de ma patrie où j'étais
« libre!

« Libre et roi, jeune fille, j'oublierais tout cela pour
« toi; j'oublierais tout, royaume, famille, devoirs, ven-

---

(1) On a jugé inutile de reproduire ici en entier les paroles du
chant espagnol : *Porque me huyes, Maria?* etc.

« geance; oui, jusqu'à la vengeance, quoique le moment
« soit bientôt venu de cueillir ce fruit amer et délicieux,
« qui mûrit si tard ! »

La voix avait chanté les stances précédentes avec des
pauses fréquentes et douloureuses; mais en achevant ces
derniers mots, elle avait pris un accent terrible.

« O Maria ! tu ressembles au beau palmier svelte et dou-
« cement balancé sur sa tige, et tu te mires dans l'œil de
« ton jeune amant, comme le palmier dans l'eau transpa-
« rente de la fontaine.

« Mais, ne le sais-tu pas? il y a quelquefois au fond du
« désert un ouragan jaloux du bonheur de la fontaine ai-
« mée; il accourt, et l'air et le sable se mêlent sous le vol
« de ses lourdes ailes : il enveloppe l'arbre et la source
« d'un tourbillon de feu; et la fontaine se dessèche, et le
« palmier sent se crisper sous l'haleine de mort le cercle
« vert de ses feuilles, qui avait la majesté d'une couronne
« et la grâce d'une chevelure.

« Tremble, ô blanche fille d'Hispaniola (1) ! tremble que
« tout ne soit bientôt plus autour de toi qu'un ouragan et
« qu'un désert ! Alors tu regretteras l'amour qui eût pu te
« conduire vers moi, comme le joyeux katha, l'oiseau de
« salut, guide à travers les sables d'Afrique le voyageur à
« la citerne.

« Et pourquoi repousserais-tu mon amour, Maria? je
« suis roi, et mon front s'élève au-dessus de tous les fronts
« humains. Tu es blanche et je suis noir; mais le jour a
« besoin de s'unir à la nuit pour enfanter l'aurore et le
« couchant, qui sont plus beaux que lui ! »

(1) Nos lecteurs n'ignorent pas sans doute que c'est le premier
nom donné à Saint-Domingue par Christophe Colomb, à l'époque
de la découverte, en décembre 1492.

VIII

Un long soupir, prolongé sur les cordes frémissantes de
la guitare, accompagna ces dernières paroles. J'étais hors
de moi. « Roi! — noir! — esclave! — » Mille idées incohérentes, éveillées par l'inexplicable chant que je venais
d'entendre, tourbillonnaient dans mon cerveau. Un violent
besoin d'en finir avec l'être inconnu qui osait ainsi asso-
cier le nom de Marie à des chants d'amour et de menace
s'empara de moi. Je saisis convulsivement ma carabine, et
me précipitai hors du pavillon. Marie, effrayée, tendait encore les bras pour me retenir, que déjà je m'étais enfoncé
dans le taillis, du côté d'où la voix était venue. Je fouillai
le bois dans tous les sens, je plongeai le canon de mon
mousqueton dans l'épaisseur de toutes les broussailles, je
fis le tour de tous les gros arbres, je remuai toutes les hautes herbes..... Rien! rien, et toujours rien. Cette recherche
inutile, jointe à d'inutiles réflexions sur la romance que je
venais d'entendre, mêla de la confusion à ma colère. Cet
insolent rival échapperait donc toujours à mon bras comme
à mon esprit. Je ne pourrais donc ni le deviner ni le rencontrer!... En ce moment un bruit de sonnettes vint me
distraire de ma rêverie. Je me retournai. Le nain Habibrah
était à côté de moi. — Bonjour, maître, me dit-il, et il
s'inclina avec respect; mais son louche regard, obliquement
relevé vers moi, paraissait remarquer avec une expression indéfinissable de malice et de triomphe l'anxiété
peinte sur mon front. — Parle, lui criai-je brusquement;
as-tu vu quelqu'un dans ce bois? — Nul autre que vous,
señor mio, me répondit-il avec tranquillité. — Est-ce que
tu n'as pas entendu une voix? repris-je. — L'esclave resta
un moment comme cherchant ce qu'il pouvait me répondre.

Je bouillais. — Vite, lui dis-je, réponds vite, malheureux, as-tu entendu ici une voix? — Il fixa hardiment sur mes yeux ses deux yeux ronds comme ceux d'un chat-tigre. — *Que quiere decir usted* (1) par une voix, maître? Il y a des voix partout et pour tout; il y a la voix des oiseaux, il y a la voix de l'eau, il y a la voix du vent dans les feuilles... — Je l'interrompis en le secouant rudement : — Misérable bouffon! cesse de me prendre pour ton jouet, ou je te fais écouter de près la voix qui sort d'un canon de carabine. Réponds en quatre mots. As-tu entendu dans ce bois un homme qui chantait un air espagnol? — Oui, *señor*, me répliqua-t-il sans paraître ému, et des paroles sur l'air... Tenez, maître, je vais vous conter la chose. Je me promenais sur la lisière de ce bosquet en écoutant ce que les grelots d'argent de ma *gorra* (2) me disaient à l'oreille. Tout à coup le vent est venu joindre à ce concert quelques mots d'une langue que vous appelez l'espagnol, la première que j'aie bégayée, lorsque mon âge se comptait par mois et non par années, et que ma mère me suspendait sur son dos à des bandelettes de laine rouge et jaune. J'aime cette langue; elle me rappelle le temps où je n'étais que petit et pas encore nain, qu'un enfant et pas encore un fou. Je me suis rapproché de la voix, et j'ai entendu la fin de la chanson. — Eh bien! est-ce là tout? repris-je impatienté. — Oui, maître *hermoso*, mais, si vous voulez, je vous dirai ce que c'est que l'homme qui chantait. — Je crus que j'allais embrasser le pauvre bouffon. — Oh! parle, m'écriai-je, parle, voici ma bourse, Habibrah! et dix bourses meilleures sont à toi si tu me dis quel est cet homme. —Il prit la bourse, l'ouvrit et sourit. — *Diez bolsas* meilleures que celle-ci! mais, *demonio!* cela ferait une pleine

(1) Que voulez-vous dire?
(2) Le petit griffe espagnol désigne par ce nom son *bonnet.*

fanega de bons écus à l'image *del rey Luis quince*, autant
qu'il en aurait fallu pour ensemencer le champ du magi-
cien grenadin Altornino, lequel savait l'art d'y faire pousser de *buenos doblones*; mais ne vous fâchez pas, jeune
maître, je viens au fait. Rappelez-vous, *señor*, les derniers
mots de la chanson : « Tu es blanche et je suis noir; mais
« le jour a besoin de s'unir à la nuit pour enfanter l'au-
« rore et le couchant, qui sont plus beaux que lui. » Or,
si cette chanson dit vrai, le griffe Habibrah, votre humble
esclave, né d'une négresse et d'un blanc, est plus beau que
vous, *señorito de amor*. Je suis le produit de l'union du
jour et de la nuit, je suis l'aurore ou le couchant dont
parle la chanson espagnole, et vous n'êtes que le jour.
Donc je suis plus beau que vous, *si usted quiere* (1), plus
beau qu'un blanc... —Le nain entremêlait cette divagation
bizarre de longs éclats de rire. Je l'interrompis encore. —
Où donc en veux-tu venir avec tes extravagances? tout cela
me dira-t-il ce que c'est que l'homme qui chantait dans ce
bois? — Précisément, maître, repartit le bouffon avec un
regard malicieux. Il est évident que *el hombre* qui a pu
chanter de telles *extravagances*, comme vous les appelez,
ne peut être et n'est qu'un fou pareil à moi! J'ai gagné
las diez bolsas! — Ma main se levait pour châtier l'insolente plaisanterie de l'esclave émancipé lorsqu'un cri affreux retentit tout à coup dans le bosquet, du côté du pavillon de la rivière. C'était la voix de Marie. —Je m'élance,
je cours, je vole, m'interrogeant d'avance avec terreur sur
le nouveau malheur que je pouvais avoir à redouter. J'arrive haletant au cabinet de verdure. Un spectacle effrayant
m'y attendait. Un crocodile monstrueux, dont le corps était
à demi caché sous les roseaux et les mangles de la rivière,
avait passé sa tête énorme à travers l'une des arcades de

(1) S'il vous plaît.

verdure qui soutenaient le toit du pavillon. Sa gueule en-
tr'ouverte et hideuse menaçait un jeune noir, d'une stature
colossale, qui d'un bras soutenait la jeune fille épouvantée,
de l'autre plongeait hardiment le fer d'une besaiguë entre
les mâchoires acérées du monstre. Le crocodile luttait fu-
rieusement contre cette main audacieuse et puissante qui
le tenait en respect. Au moment où je me présentai devant le seuil du cabinet, Marie poussa un cri de joie, s'arracha des bras du nègre, et vint tomber dans les miens en
s'écriant : — Je suis sauvée! — A ce mouvement, à cette
parole de Marie, le nègre se retourne brusquement, croise
ses bras sur sa poitrine gonflée, et, attachant sur ma fiancée un regard douloureux, demeure immobile, sans parai-
tre s'apercevoir que le crocodile est là, près de lui, qu'il
s'est débarrassé de sa besaiguë, et qu'il va le dévorer. C'en
était fait du courageux noir si, déposant rapidement Marie
sur les genoux de sa nourrice, toujours assise sur un banc
et plus morte que vive, je ne me fusse approché du monstre et je n'eusse déchargé à bout portant dans sa gueule la
charge de ma carabine. L'animal foudroyé ouvrit et ferma
encore deux ou trois fois sa gueule sanglante et ses yeux
éteints, mais ce n'était plus qu'un mouvement convulsif,
et tout à coup il se renversa à grand bruit sur le dos en
roidissant ses deux pattes larges et écaillées. Il était mort.

  Le nègre que je venais de sauver si heureusement détourna la tête, et vit les derniers tressaillements du monstre; alors il fixa ses yeux sur la terre, et, les relevant lentement vers Marie, qui était revenue achever de se rassurer
sur mon cœur, il me dit, et l'accent de sa voix exprimait plus
que le désespoir, il me dit : — *Porque le has matado* (1)?
Puis il s'éloigna à grands pas sans attendre ma réponse,
et rentra dans le bosquet, où il disparut.

(1) Pourquoi l'as-tu tué?

IX

Cette scène terrible, ce dénoûment singulier, les émotions de tout genre qui avaient précédé, accompagné et suivi mes vaines recherches dans le bois, jetèrent un chaos dans ma tête. Marie était encore toute pensive de sa terreur, et il s'écoula un temps assez long avant que nous pussions nous communiquer nos pensées incohérentes autrement que par des regards et des serrements de mains. Enfin je rompis le silence. — Viens, dis-je, Marie, sortons d'ici! ce lieu a quelque chose de funeste! Elle se leva avec empressement, comme si elle n'eût attendu que ma permission, appuya son bras sur le mien, et nous sortîmes.

Je lui demandai alors comment lui était advenu le secours miraculeux de ce noir au moment du danger horrible qu'elle venait de courir, et si elle savait qui était cet esclave, car le grossier caleçon qui voilait à peine sa nudité montrait assez qu'il appartenait à la dernière classe des habitants de l'île.

— Cet homme, me dit Marie, est sans doute un des nègres de mon père, qui était à travailler aux environs de la rivière à l'instant où l'apparition du crocodile m'a fait pousser le cri qui t'a averti de mon péril. Tout ce que je puis te dire, c'est qu'au moment même il s'est élancé hors du bois pour voler à mon secours. — De quel côté est-il venu? lui demandai-je. —Du côté opposé à celui d'où partait la voix l'instant d'auparavant, et par lequel tu venais de pénétrer dans le bosquet. — Cet incident dérangea le rapprochement que mon esprit n'avait pu s'empêcher de faire entre les mots espagnols que m'avait adressés le nègre en se retirant et la romance qu'avait chantée dans la même langue mon rival inconnu. D'autres rapports d'ail-

leurs s'étaient déjà présentés à moi. Ce nègre, d'une taille
presque gigantesque, d'une force prodigieuse, pouvait bien
être le rude adversaire contre lequel j'avais lutté la nuit
précédente. La circonstance de la nudité devenait d'ailleurs
un indice frappant. Le chanteur du bosquet avait dit : « Je
suis noir... » Similitude de plus. Il s'était déclaré roi, et
celui-ci n'était qu'un esclave ; mais je me rappelais, non
sans étonnement, l'air de rudesse et de majesté empreint
sur son visage au milieu des signes caractéristiques de la
race africaine, l'éclat de ses yeux, la blancheur de ses
dents sur le noir éclatant de sa peau, la largeur de son
front, surprenante surtout chez un nègre, le gonflement
dédaigneux qui donnait à l'épaisseur de ses lèvres et de ses
narines quelque chose de si fier et de si puissant, la no-
blesse de son port, la beauté de ses formes, qui, quoique
maigries et dégradées par la fatigue d'un travail journa-
lier, avaient encore un développement pour ainsi dire her-
culéen ; je me représentais dans son ensemble l'aspect imposant de cet esclave, et je me disais qu'il aurait bien pu
convenir à un roi. Alors, calculant une foule d'autres in-
cidents, mes conjectures s'arrêtaient avec un frémissement
de colère sur ce nègre insolent ; je voulais le faire rechercher et châtier... Et puis toutes mes indécisions me revenaient. En réalité, où était le fondement de tant de soupçons ? L'île de Saint-Domingue étant en grande partie pos-
sédée par l'Espagne, il résultait de là que beaucoup de
nègres, soit qu'ils eussent primitivement appartenu à des
colons de Santo-Domingo, soit qu'ils y fussent nés, mêlaient la langue espagnole à leur jargon. Et parce que cet
esclave m'avait adressé quelques mots en espagnol, était-ce
une raison pour le supposer auteur d'une romance en
cette langue, qui annonçait nécessairement un degré de
culture d'esprit, selon mes idées, tout à fait inconnu aux
nègres ? Quant à ce reproche singulier qu'il m'avait adressé

d'avoir tué le crocodile, il annonçait chez l'esclave un dégoût de la vie que sa position expliquait d'elle-même, sans
qu'il fût besoin, certes, d'avoir recours à l'hypothèse d'un
amour impossible pour la fille de son maître. Sa présence
dans le bosquet du pavillon pouvait bien n'être que for-
tuite ; sa force et sa taille étaient loin de suffire pour con-
stater son identité avec mon antagoniste nocturne. Etait-ce
sur d'aussi frêles indices que je pouvais charger d'une accusation terrible devant mon oncle et livrer à la vengeance
implacable de son orgueil un pauvre esclave qui avait
montré tant de courage pour secourir Marie?... Au moment où ces idées se soulevaient contre ma colère, Marie
la dissipa entièrement en me disant avec sa douce voix :
— Mon Léopold, nous devons de la reconnaissance à ce
brave nègre; sans lui, j'étais perdue!... Tu serais arrivé
trop tard.

Ce peu de mots eut un effet décisif. Il ne changea pas
mon intention de faire rechercher l'esclave qui avait sauvé
Marie, mais il changea le but de cette recherche. C'était
pour une punition : ce fut pour une récompense.

Mon oncle apprit de moi qu'il devait la vie de sa fille à
l'un de ses esclaves, et me promit sa liberté si je pouvais
le retrouver dans la foule de ces infortunés.

X

Jusqu'à ce jour, la disposition naturelle de mon esprit
m'avait tenu éloigné des plantations où les noirs travaillaient. Il m'était trop pénible de voir souffrir des êtres que
je ne pouvais soulager. Mais, dès le lendemain, mon oncle m'ayant proposé de l'accompagner dans sa ronde de
surveillance, j'acceptai avec empressement, espérant rencontrer parmi les travailleurs le sauveur de ma bien-aimée

Marie. J'eus lieu de voir dans cette promenade combien le
regard d'un maître est puissant sur des esclaves, mais en
même temps combien cette puissance s'achète cher! Les
nègres, tremblants en présence de mon oncle, redou-
blaient, sur son passage, d'efforts et d'activité; mais qu'il
y avait de haine dans cette terreur!

Irascible par habitude, mon oncle était prêt à se fâcher
de n'en avoir pas sujet, quand son bouffon Habibrah, qui
le suivait toujours, lui fit remarquer tout à coup un noir
qui, accablé de lassitude, s'était endormi sous un bosquet
de dattiers. Mon oncle court à ce malheureux, le réveille
rudement, et lui ordonne de se remettre à l'ouvrage. Le
nègre effrayé se lève, et découvre en se levant un jeune
rosier du Bengale sur lequel il s'était couché par mégarde,
et que mon oncle se plaisait à élever. L'arbuste était
perdu. Le maître, déjà irrité de ce qu'il appelait la paresse
de l'esclave, devint furieux à cette vue. Hors de lui, il dé-
tache de sa ceinture le fouet armé de lanières ferrées qu'il
portait dans ses promenades, et lève le bras pour en frapper le nègre tombé à genoux. — Le fouet ne retomba pas.
Je n'oublierai jamais ce moment. Une main puissante arrêta subitement la main du colon. Un noir (c'était celui-là
même que je cherchais!) lui cria en français : — Punis-
moi, car je viens de t'offenser; mais ne fais rien à mon
frère, qui n'a touché qu'à ton rosier!—Cette intervention
inattendue de l'homme à qui je devais le salut de Marie,
son geste, son regard, l'accent impérieux de sa voix, me
frappèrent de stupeur. Mais sa généreuse imprudence, loin
de faire rougir mon oncle, n'avait fait que redoubler la
rage du maître et la détourner du patient à son défenseur.
Mon oncle, exaspéré, se dégagea des bras du grand nègre
en l'accablant de menaces, et leva de nouveau son fouet
pour l'en frapper à son tour. Cette fois le fouet lui fut arraché de la main. Le noir en brisa le manche garni de

clous comme on brise une paille, et foula sous ses pieds
ce honteux instrument de vengeance. J'étais immobile de
surprise, mon oncle de fureur; c'était une chose inouïe
pour lui que de voir son autorité ainsi outragée. Ses yeux
s'agitaient comme prêts à sortir de leur orbite; ses lèvres
bleues tremblaient. L'esclave le considéra un instant d'un
air calme, puis tout à coup lui présentant avec dignité une
cognée qu'il tenait à la main : — Blanc, dit-il, si tu veux
me frapper, prends au moins cette hache. Mon oncle, qui
ne se connaissait plus, aurait certainement exaucé son
vœu, et se précipitait sur la hache quand j'intervins à
mon tour, je m'emparai lestement de la cognée, et la jetai dans le puits d'une *noria*, qui était voisine. — Que
fais-tu? me dit mon oncle avec emportement. — Je vous
sauve, lui répondis-je, du malheur de frapper le défenseur
de votre fille. C'est à cet esclave que vous devez Marie :
c'est le nègre dont vous m'avez promis la liberté. Le moment était mal choisi pour invoquer cette promesse. Mes
paroles effleurèrent à peine l'esprit ulcéré du colon. — Sa
liberté ! me répliqua-t-il d'un air sombre. Oui, il a mérité
la fin de son esclavage. Sa liberté ! nous verrons de quelle
nature sera celle que lui donneront les juges de la cour
martiale. — Ces paroles sinistres me glacèrent. Marie et
moi le suppliâmes inutilement. Le nègre dont la négligence avait causé cette scène fut puni de la bastonnade, et
l'on plongea son défenseur dans les cachots du fort Galifet, comme coupable d'avoir porté la main sur un blanc.
De l'esclave au maître, c'était un crime capital.

XI

Vous jugez, messieurs, à quel point toutes ces circonstances avaient dû éveiller mon intérêt et ma curiosité. Je

pris des renseignements sur le compte du prisonnier. On me révéla des particularités singulières. On m'apprit que ses compagnons semblaient avoir le plus profond respect pour ce jeune nègre. Esclave comme eux, il lui suffisait d'un signe pour s'en faire obéir. Il n'était point né dans les cases; on ne lui connaissait ni père ni mère : il y avait même peu d'années, disait-on, qu'un vaisseau négrier l'avait jeté à Saint-Domingue. Cette circonstance rendait plus remarquable encore l'empire qu'il exerçait sur tous ses compagnons, sans même en excepter les noirs *créoles*, qui, vous ne l'ignorez sans doute pas, messieurs, professaient ordinairement le plus profond mépris pour les nègres *congos*, expression impropre et trop générale, par laquelle on désignait dans la colonie tous les esclaves amenés d'Afrique. Quoiqu'il parût absorbé dans une noire mélancolie, sa force extraordinaire, jointe à une adresse merveilleuse, en faisait un sujet du plus grand prix pour la culture des plantations. Il tournait plus vite et plus longtemps que ne l'aurait fait le meilleur cheval les roues des *norias*. Il lui arrivait souvent de faire en un jour l'ouvrage de dix de ses camarades, pour les soustraire aux châtiments réservés à la négligence ou à la fatigue. Aussi était-il adoré des esclaves; mais la vénération qu'ils lui portaient, toute différente de la terreur superstitieuse dont ils environnaient le fou Habibrah, semblait avoir aussi quelque cause cachée; c'était une espèce de culte.

Ce qu'il y avait d'étrange, reprenait-on, c'était de le voir aussi doux, aussi simple avec ses égaux, qui se faisaient gloire de lui obéir, que fier et hautain vis-à-vis de nos *commandeurs*. Il est juste de dire que ces esclaves privilégiés, anneaux intermédiaires qui liaient en quelque sorte la chaîne de la servitude à celle du despotisme, joignant à la bassesse de leur condition l'insolence de leur autorité, trouvaient un malin plaisir à l'accabler de travail et de

vexations. Il paraît néanmoins qu'ils ne pouvaient s'empêcher de respecter le sentiment de fierté qui l'avait porté à
outrager mon oncle. Aucun d'eux n'avait jamais osé lui in-
fliger de punitions humiliantes. S'il leur arrivait de l'y
condamner, vingt nègres se levaient pour les subir à sa
place; et lui, immobile, assistait gravement à leur exécution, comme s'ils n'eussent fait que remplir un devoir. Cet
homme bizarre était connu dans les cases sous le nom de
Pierrot.

XII

Tous ces détails exaltèrent ma jeune imagination. Marie,
pleine de reconnaissance et de compassion, applaudit et
partagea mon enthousiasme, et Pierrot s'empara si vivement de notre intérêt, que je résolus de le voir et de le
servir. Je rêvai aux moyens de lui parler.

Quoique fort jeune, comme neveu de l'un des plus riches
colons du Cap, j'étais capitaine des milices de la paroisse
de l'Acul. Le fort Galifet était confié à leur garde et à un
détachement de dragons jaunes, dont le chef, qui était
pour l'ordinaire un sous-officier de cette compagnie, avait
le commandement du fort. Il se trouvait justement à cette
époque que ce commandant était le frère d'un pauvre colon auquel j'avais eu le bonheur de rendre de très-grands
services et qui m'était entièrement dévoué...

Ici tout l'auditoire interrompit d'Auverney en nommant
Thadée. — Vous l'avez deviné, messieurs, reprit le capitaine. Vous comprenez sans peine qu'il ne me fut pas difficile d'obtenir de lui l'entrée du cachot du nègre. J'avais
le droit de visiter le fort, comme capitaine des milices. Cependant, pour ne pas inspirer de soupçons à mon oncle,
dont la colère était encore toute flagrante, j'eus soin de ne

m'y rendre qu'à l'heure où il faisait sa méridienne tous les soldats, excepté ceux de garde, étaient endormis. Guidé par Thadée, j'arrivai à la porte du cachot; Thadée l'ouvrit et se retira. J'entrai.

Le noir était assis, car il ne pouvait se tenir debout à cause de sa haute taille. Il n'était pas seul : un dogue énorme se leva en grondant et s'avança vers moi. — Rask ! cria le noir. — Le jeune dogue se tut et revint se coucher aux pieds de son maître, où il acheva de dévorer quelques misérables aliments.

J'étais en uniforme : la lumière que répandait le soupirail dans cet étroit cachot était si faible, que Pierrot ne pouvait distinguer qui j'étais.

— Je suis prêt, me dit-il d'un ton calme. En achevant ces paroles, il se leva à demi. — Je suis prêt, répéta-t-il encore.

— Je croyais, lui dis-je, surpris de la liberté de ses mouvements, je croyais que vous aviez des fers.

L'émotion faisait trembler ma voix. Le prisonnier ne parut pas la reconnaître. Il poussa du pied quelques débris qui retentirent. — Des fers ! je les ai brisés.

Il y avait dans l'accent dont il prononça ces dernières paroles quelque chose qui semblait dire : *Je ne suis pas fait pour porter des fers.* Je repris : — L'on ne m'avait pas dit qu'on vous eût laissé un chien.

— C'est moi qui l'ai fait entrer.

J'étais de plus en plus étonné. La porte du cachot était fermée en dehors d'un triple verrou. Le soupirail avait à peine six pouces de largeur, et était garni de deux barreaux de fer. Il paraît qu'il comprit le sens de mes réflexions; il se leva autant que la voûte basse le lui permettait, détacha sans effort une pierre énorme placée au dessous du soupirail, enleva les deux barreaux scellés en dehors de cette pierre, et pratiqua ainsi une ouverture où deux hommes

auraient facilement pu passer. Cette ouverture donnait de
plain-pied sur le bois de bananiers et de cocotiers qui cou-
vre le morne auquel le fort était adossé. La surprise me
rendait muet; tout à coup un rayon du jour éclaira vivement mon visage. Le prisonnier se redressa comme s'il eût
mis le pied par mégarde sur un serpent, et son front
heurta les pierres de la voûte. Un mélange indéfinissable
de mille sentiments opposés, une étrange expression de
haine, de bienveillance et d'étonnement douloureux passa
rapidement dans ses yeux. Mais, reprenant un subit empire
sur ses pensées, sa physionomie, en moins d'un instant,
redevint calme et froide, et il fixa avec indifférence son regard sur le mien. Il me regardait en face comme un inconnu.

— Je puis encore vivre deux jours sans manger, dit-il.

Je fis un geste d'horreur : je remarquai alors la mai-
reur de l'infortuné. Il ajouta :

— Mon chien ne peut manger que de ma main; si je
n'avais pu élargir le soupirail, le pauvre Rask serait mort
de-faim. Il vaut mieux que ce soit moi que lui, puisqu'il
faut toujours que je meure.

— Non, m'écriai-je, non, vous ne mourrez pas de faim!
Il ne me comprit pas.

— Sans doute, reprit-il en souriant amèrement, j'aurais
pu vivre encore deux jours sans manger : mais je suis prêt,
monsieur l'officier; aujourd'hui vaut encore mieux que demain; ne faites pas de mal à Rask.

Je sentis alors ce que voulait dire son *je suis prêt*. Accusé d'un crime qui était puni de mort, il croyait que je
venais pour le mener au supplice; et cet homme doué de
forces colossales, quand tous les moyens de fuir lui étaient
ouverts, doux et tranquille, répétait à un enfant : *Je suis
prêt!* — Ne faites pas de mal à Rask, répéta-t-il encore.

Je ne pus me contenir. — Quoi! lui dis-je, non-seulement vous me prenez pour votre bourreau, mais encore vous doutez de mon humanité envers ce pauvre chien qui ne m'a rien fait!

Il s'attendrit, sa voix s'altéra. — Blanc, dit-il en me tendant la main, blanc, pardonne, j'aime mon chien, et, ajouta-t-il après un court silence, les tiens m'ont fait bien du mal.

Je l'embrassai, je lui serrai la main, je le détrompai. — Ne me connaissez-vous pas? lui dis-je.

— Je savais que tu étais un blanc, et pour les blancs, quelques bons qu'ils soient, un noir est si peu de chose! D'ailleurs, j'ai aussi à me plaindre de toi.

— Et de quoi? repris-je étonné.

— Ne m'as-tu pas conservé deux fois la vie?

Cette inculpation étrange me fit sourire. Il s'en aperçut et poursuivit avec amertume :

— Oui, je devrais t'en vouloir. Tu m'as sauvé d'un crocodile et d'un colon; et, ce qui est pis encore, tu m'as enlevé le droit de te haïr. Je suis bien malheureux!

La singularité de son langage et de ses idées ne me surprenait presque plus. Elle était en harmonie avec lui-même. — Je vous dois bien plus que vous ne me devez, lui dis-je, je vous dois la vie de ma fiancée, de Marie.

Il éprouva comme une commotion électrique. — *Maria!* dit-il d'une voix étouffée; et sa tête tomba sur ses mains, qui se crispaient violemment, tandis que de pénibles soupirs soulevaient les larges parois de sa poitrine. J'avoue que mes soupçons assoupis se réveillèrent, mais sans colère et sans jalousie. J'étais trop près du bonheur, et lui trop près de la mort, pour qu'un pareil rival, s'il l'était en effet, pût exciter en moi d'autres sentiments que la bienveillance et la pitié. Il releva enfin sa tête. — Va! me dit-il, ne me remercie pas!

4.

Il ajouta après une pause : — Je ne suis pourtant pas d'un rang inférieur au tien!

Cette parole paraissait révéler un ordre d'idées qui piquait vivement ma curiosité : je le pressai de me dire qui il était et ce qu'il avait souffert. Il garda un sombre silence. Ma démarche l'avait touché; mes offres de service, mes prières, parurent vaincre son dégoût de la vie. Il sortit et rapporta quelques bananes et une énorme noix de coco. Puis il referma l'ouverture et se mit à manger. En causant avec lui, je remarquai qu'il parlait avec facilité le français et l'espagnol, et que son esprit ne paraissait pas dénué de culture : il savait des romances espagnoles, qu'il chantait avec expression. Cet homme était si inexplicable sous tant d'autres rapports, que jusqu'alors la pureté de son langage ne m'avait pas frappé. J'essayai de nouveau d'en savoir la cause; il se tut. Enfin je le quittai, ordonnant à mon fidèle Thadée d'avoir pour lui tous les égards et tous les soins possibles.

XIII

Je le voyais tous les jours à la même heure. Son affaire m'inquiétait; malgré mes prières, mon oncle s'obstinait à le poursuivre. Je ne cachais pas mes craintes à Pierrot; il m'écoutait avec indifférence. Souvent Rask arrivait tandis que nous étions ensemble, portant une large feuille de palmier autour de son cou. Le noir la détachait, lisait des caractères inconnus qui y étaient tracés, puis la déchirait. J'étais habitué à ne pas lui faire de questions. Un jour j'entrai sans qu'il parût prendre garde à moi. Il tournait le dos à la porte de son cachot, et chantait d'un ton mélancolique l'air espagnol : *Yo que soy contrabandista* (1).

(1) Moi qui suis contrebandier.

Quand il eut fini, il se tourna brusquement vers moi et me cria : — Frère, promets, si jamais tu doutes de moi, d'écarter tous les soupçons quand tu m'entendras chanter cet air.

Son regard était imposant : je lui promis ce qu'il désirait, sans trop savoir ce qu'il entendait par ces mots : *Si jamais tu doutes de moi...* Il prit l'écorce profonde de la noix qu'il avait cueillie le jour de ma première visite, et conservée depuis, la remplit de vin de palmier, m'engagea à y porter les lèvres, et la vida d'un trait. A compter de ce jour, il ne m'appela plus que son *frère.*

Cependant je commençais à concevoir quelque espérance. Mon oncle n'était plus aussi irrité. Les réjouissances de mon prochain mariage avec sa fille avaient tourné son esprit vers de plus douces idées. Marie suppliait avec moi. Je lui représentais chaque jour que Pierrot n'avait point voulu l'offenser, mais seulement l'empêcher de commettre un acte de sévérité peut-être excessive; que ce noir avait, par son audacieuse lutte avec le crocodile, préservé Marie d'une mort certaine; que nous lui devions, lui sa fille, moi ma fiancée; que d'ailleurs Pierrot était le plus vigoureux de ses esclaves (car je ne songeais plus à obtenir sa liberté, il ne s'agissait que de sa vie); qu'il faisait à lui seul l'ouvrage de dix autres, et qu'il suffisait de son bras pour mettre en mouvement les cylindres d'un moulin à sucre. Il m'écoutait et me faisait entendre qu'il ne donnerait peut-être pas suite à l'accusation. Je ne disais rien au noir du changement de mon oncle, voulant jouir du plaisir de lui annoncer sa liberté tout entière, si je l'obtenais. Ce qui m'étonnait, c'était de voir que, se croyant dévoué à la mort, il ne profitait d'aucun des moyens de fuir qui étaient en son pouvoir. Je lui en parlai. — Je dois rester, me répondit-il froidement, on penserait que j'ai eu peur.

XIV

Un matin Marie vint à moi. Elle était rayonnante, et il y avait sur sa douce figure quelque chose de plus angélique encore que la joie d'un pur amour. C'était la pensée d'une bonne action. — Ecoute, me dit-elle, c'est dans trois jours le 22 août et notre noce. Nous allons bientôt... — Je l'interrompis : — Marie, ne dis pas bientôt, puisqu'il y a encore trois jours... Elle sourit et rougit. — Ne me trouble pas, Léopold, dit-elle; il m'est venu une idée qui te rendra content. Tu sais que je suis allée hier à la ville avec mon père pour acheter les parures de notre mariage. Ce n'est pas que je tienne à ces bijoux, à ces diamants, qui ne me rendront pas plus belle à tes yeux. Je donnerais toutes les perles du monde pour l'une de ces fleurs que m'a fanées le vilain homme au bouquet de soucis; mais n'importe. Mon père veut me combler de toutes ces choses-là, et j'ai l'air d'en avoir envie pour lui faire plaisir. Il y avait hier une *basquina* de satin chinois à grandes fleurs, qui était enfermée dans un coffre de bois de senteur, et que j'ai beaucoup regardée. Cela est bien cher; mais cela est bien singulier. Mon père a remarqué que cette robe frappait mon attention. En rentrant, je l'ai prié de me promettre l'octroi d'un don à la manière des anciens chevaliers; tu sais qu'il aime qu'on le compare aux anciens chevaliers. Il m'a juré sur son honneur qu'il m'accorderait la chose que je lui demanderais, quelle qu'elle fût. Il croit que c'est la *basquina* de satin chinois; point du tout, c'est la vie de Pierrot. Ce sera mon cadeau de noces. — Je ne pus m'empêcher de serrer cet ange dans mes bras. La parole de mon oncle était sacrée; et, tandis que Marie allait près de lui en réclamer l'exécution, je courus au fort Galifet annoncer

à Pierrot son salut, désormais certain. — Frère ! lui criai-je
en entrant, frère ! réjouis-toi ! ta vie est sauvée. Marie l'a
demandée à son père pour son présent de noces !

L'esclave tressaillit. — Marie ! noces ! ma vie ! Comment
tout cela peut-il aller ensemble ?

— Cela est tout simple, repris-je. Marie, à qui tu as
sauvé la vie, se marie...

— Avec qui ? s'écria l'esclave ; et son regard était égaré
et terrible.

— Ne le sais-tu pas ? répondis-je doucement, avec moi.
Son visage formidable redevint bienveillant et résigné.

— Ah ! c'est vrai, me dit-il, c'est avec toi ! Et quel est le
jour ?

— C'est le 22 août.

— Le 22 août ! es-tu fou ? reprit-il avec une expression
d'angoisse et d'effroi.

Il s'arrêta. Je le regardais, étonné. Après un silence, il
me serra vivement la main. — Frère, je te dois tant qu'il
faut que ma bouche te donne un avis. — Crois-moi, va au
Cap, et marie-toi avant le 22.

Je voulus en vain connaître le sens de ces paroles énig-
matiques. — Adieu, me dit-il avec solennité. J'en ai peut-
être déjà trop dit ; mais je hais encore plus l'ingratitude
que le parjure.

Je le quittai, plein d'indécision et d'inquiétudes, qui s'ef-
facèrent cependant bientôt dans mes pensées de bonheur.
Mon oncle retira sa plainte le jour même. Je retournai au
fort pour en faire sortir Pierrot. Thadée, le sachant libre,
entra avec moi dans la prison. Il n'y était plus. Rask, qui
s'y trouvait seul, vint à moi d'un air caressant : à son cou
était attachée une feuille de palmier ; je la pris et j'y lus
ces mots : *Merci, tu m'as sauvé la vie une troisième fois.
Frère, n'oublie pas ta promesse.* Au-dessous étaient écrits,
comme signature, les mots : *Yo que soy contrabandista.*

Thadée était encore plus étonné que moi; il ignorait le secret du soupirail, et s'imaginait que le nègre s'était changé
en chien. Je lui laissai croire ce qu'il voulut, me conten-
tant d'exiger de lui le silence sur ce qu'il avait vu. Je voulais emmener Rask. En sortant du fort, il s'enfonça dans
des haies voisines et disparut.

XV

Mon oncle fut outré de l'évasion de l'esclave. Il ordonna
des recherches, et écrivit au gouverneur pour mettre Pierrot à son entière disposition si on le retrouvait.

Le 22 août arriva. Mon union avec Marie fut célébrée
avec pompe à la paroisse de l'Acul. Quelle fut heureuse,
cette journée de laquelle allaient dater tous mes malheurs!
j'étais enivré d'une joie qu'on ne saurait faire comprendre
à qui ne l'a point éprouvée. J'avais complétement oublié
Pierrot et ses sinistres avis. Le soir, bien impatiemment
attendu, vint enfin. Ma jeune épouse se retira dans la
chambre nuptiale, où je ne pus la suivre aussi vite que je
l'aurais voulu. Un devoir fastidieux, mais indispensable,
me réclamait auparavant. Mon office de capitaine des milices exigeait de moi ce soir-là une ronde au poste de l'A-
cul : cette précaution était alors impérieusement comman-
dée par les troubles de la colonie, par les révoltes partielles
des noirs, qui, bien que promptement étouffées, avaient eu
lieu aux mois précédents de juin et de juillet, même aux
premiers jours d'août, dans les habitations Thibaud et La-
goscette, et surtout par les mauvaises dispositions des mulâtres libres, que le supplice récent du rebelle Ogé n'avait
fait qu'aigrir. Mon oncle fut le premier à me rappeler mon
devoir; il fallut me résigner. J'endossai mon uniforme et
je partis. Je visitai les premières stations sans rencontrer

de sujet d'inquiétude; mais, vers minuit, je me promenais en rêvant près des batteries de la baie, quand j'aperçus à l'horizon une lueur rougeâtre s'élever et s'étendre du côté de Limonade et de Saint-Louis du Morin. Les soldats et moi l'attribuâmes d'abord à quelque incendie accidentel; mais, un moment après, les flammes devinrent si apparentes, la fumée, poussée par le vent, grossit et s'épaissit à un tel point, que je repris promptement le chemin du fort pour donner l'alarme et envoyer des secours. En passant près des cases de nos noirs, je fus surpris de l'agitation extraordinaire qui y régnait. La plupart étaient encore éveillés et parlaient avec la plus grande vivacité. Un nom bizarre, *Bug-Jargal*, prononcé avec respect, revenait souvent au milieu de leur jargon inintelligible. Je saisis pourtant quelques paroles, dont le sens me parut être que les noirs de la plaine du nord étaient en pleine révolte, et livraient aux flammes les habitations et les plantations situées de l'autre côté du Cap. En traversant un fond marécageux, je heurtai du pied un amas de haches et de pioches cachées dans les joncs et les mangliers. Justement inquiet, je fis sur-le-champ mettre sous les armes les milices de l'Acul, et j'ordonnai de surveiller les esclaves : tout rentra dans le calme.

Cependant les ravages semblaient croître à chaque instant et s'approcher du Limbé. On croyait même distinguer le bruit lointain de l'artillerie et des fusillades. Vers les deux heures du matin, mon oncle, que j'avais éveillé, ne pouvant contenir son inquiétude, m'ordonna de laisser dans l'Acul une partie des milices sous les ordres du lieutenant; et, pendant que ma pauvre Marie dormait ou m'attendait, obéissant à mon oncle, qui était, comme je l'ai déjà dit, membre de l'assemblée provinciale, je pris avec le reste des soldats le chemin du Cap. Je n'oublierai jamais l'aspect de cette ville quand j'en approchai. Les

flammes, qui dévoraient les plantations autour d'elle, y
répandaient une sombre lumière obscurcie par les torrents
de fumée que le vent chassait dans les rues. Des tourbillons
d'étincelles, formés par les menus débris embrasés des
cannes à sucre, et emportés avec violence comme une
neige abondante sur les toits des maisons et sur les agrès
des vaisseaux mouillés dans la rade, menaçaient à chaque
instant la ville du Cap d'un incendie non moins déplorable que celui dont ses environs étaient la proie. C'était un
spectacle affreux et imposant que de voir d'un côté les pâ-
les habitants exposant encore leur vie pour disputer au
fléau terrible l'unique toit qui allait leur rester de tant de
richesses; tandis que, de l'autre, les navires, redoutant le
même sort, et favorisés du moins par ce vent si funeste aux
malheureux colons, s'éloignaient à pleines voiles sur une
mer teinte des feux sanglants de l'incendie.

XVI

Etourdi par le canon des forts, les clameurs des fuyards
et le fracas lointain des écroulements, je ne savais de quel
côté diriger mes soldats quand je rencontrai sur la place
d'armes le capitaine des dragons jaunes qui nous servit de
guide. Je ne m'arrêterai pas, messieurs, à vous décrire le
tableau que nous offrit la plaine incendiée. Assez d'autres
ont dépeint ces premiers désastres du Cap, et j'ai besoin
de passer vite sur ces souvenirs, où il y a du sang et du
feu. Je me bornerai à vous dire que les esclaves rebelles
étaient, dit-on, déjà maîtres du Dondon, du Terrier-Rouge,
du bourg d'Ouanaminte et même des malheureuses plantations du Limbé, ce qui me remplissait d'inquiétudes à
cause du voisinage de l'Acul. Je me rendis en hâte à l'hô-
tel du gouverneur, monsieur de Blanchelande. Tout y était

dans la confusion, jusqu'à la tête du maître. Je lui demandai des ordres en le priant de songer le plus vite possible à la sûreté de l'Acul, que l'on croyait déjà menacée. Il avait auprès de lui monsieur de Rouvray, maréchal de champ et l'un des principaux propriétaires de l'île, monsieur de Thouzard, lieutenant-colonel du régiment du Cap, quelques membres des assemblées coloniale et provinciale, et plusieurs des colons les plus notables. Au moment où je me présentai, cette espèce de conseil délibérait tumultueusement.

— Monsieur le gouverneur, disait un membre de l'assemblée provinciale, cela n'est que trop vrai; ce sont les esclaves, et non les sang-mêlés libres : il y a longtemps que nous l'avions annoncé et prédit.

— Vous le disiez sans y croire, repartit aigrement un membre de l'assemblée coloniale appelée *générale*. Vous le disiez pour vous donner crédit à nos dépens; et vous étiez si loin de vous attendre à une rébellion réelle des esclaves, que ce sont les intrigues de votre assemblée qui ont simulé, dès 1789, cette fameuse et ridicule révolte des trois mille noirs sur le morne du Cap; révolte où il n'y a eu qu'un volontaire national de tué, encore l'a-t-il été par ses propres camarades !

— Je vous le répète, reprit le *provincial*, que nous voyions plus clair que vous. Cela est simple. Nous restions ici pour observer les affaires de la colonie, tandis que votre assemblée en masse allait en France se faire décerner cette ovation risible, qui s'est terminée par les réprimandes de la représentation nationale. *Ridiculus mus !*

Le membre de l'assemblée coloniale répondit avec un dédain amer :

— Nos concitoyens nous ont réélus à l'unanimité !

— C'est vous, répliqua l'autre, ce sont vos exagérations qui ont fait promener la tête de ce malheureux qui s'était montré sans cocarde tricolore dans un café, et qui ont fait pendre le mulâtre Lacombe pour une pétition qui commençait par ces mots *inusités :* « Au nom du Père, du Fils, et « du Saint-Esprit! »

— Cela est faux ! s'écria le membre de l'assemblée générale. C'est la lutte des principes et celle des priviléges, des *bossus* et des *crochus !*

— Je l'ai toujours pensé, monsieur, vous êtes un *indépendant !*

A ce reproche du membre de l'assemblée provinciale, son adversaire répondit d'un air de triomphe : — C'est confesser que vous êtes un *pompon blanc.* Je vous laisse sous le poids d'un pareil aveu !

La querelle eût peut-être été poussée plus loin, si le gouverneur ne fût intervenu.

— Eh! messieurs! en quoi cela a-t-il trait au danger imminent qui nous menace? Conseillez-moi, et ne vous injuriez pas. Voici les rapports qui me sont parvenus. La révolte a commencé cette nuit à dix heures du soir parmi les nègres de l'habitation Turpin. Les esclaves, commandés par un nègre anglais, nommé Bouckmann, ont entraîné les ateliers des habitations Clément, Trémès, Flaville et Noë. Ils ont incendié toutes les plantations et massacré les colons avec des cruautés inouïes. Je vous en ferai comprendre toute l'horreur par un seul détail. Leur étendard est le corps d'un enfant porté au bout d'une pique...

Un frémissement interrompit monsieur de Blanchelande. —Voilà ce qui se passe au dehors, poursuivit-il. Au dedans, tout est bouleversé. Plusieurs habitants du Cap ont tué leurs esclaves; la peur les a rendus cruels. Les plus doux ou les plus braves se sont bornés à les enfermer sous bonne clef. Les *petits blancs* (1) accusent de ces désastres les

(1) Blancs non propriétaires, exerçant dans la colonie une industrie quelconque.

sang-mêlés libres. Plusieurs mulâtres ont failli être victimes de la fureur populaire. Je leur ai fait donner pour asile une église gardée par un bataillon. Maintenant, pour prouver qu'ils ne sont point d'intelligence avec les noirs révoltés, les sang-mêlés me font demander un poste à défendre et des armes.

— N'en faites rien! cria une voix que je reconnus, c'était celle du planteur soupçonné d'être *sang-mêlé* avec qui j'avais eu un duel. N'en faites rien, monsieur le gouverneur, ne donnez point d'armes aux mulâtres.

— Vous ne voulez donc point vous battre? dit brusquement un colon.

L'autre ne parut point entendre, et continua : — Les sang-mêlés sont nos pires ennemis. Eux seuls sont à craindre pour nous; je conviens qu'on ne pouvait s'attendre qu'à une révolte de leur part et non de celle des esclaves. Est-ce que les esclaves sont quelque chose?

Le pauvre homme espérait par ces invectives contre les mulâtres s'en séparer tout à fait, et détruire dans l'esprit des blancs qui l'écoutaient l'opinion qui le rejetait dans cette caste méprisée. Il y avait trop de lâcheté dans cette combinaison pour qu'elle réussît. Un murmure de désapprobation le lui fit sentir.

— Oui, monsieur, dit le vieux maréchal de camp de Rouvray, oui, les esclaves sont quelque chose; ils sont quarante contre trois; et nous serions à plaindre si nous n'avions à opposer aux nègres et aux mulâtres que des blancs comme vous.

Le colon se mordit les lèvres. — Monsieur le général, reprit le gouverneur, que pensez-vous donc de la pétition des mulâtres? — Donnez-leur des armes, monsieur le gouverneur! répondit monsieur de Rouvray; faisons voile de toute étoffe! Et, se tournant vers le colon suspect: — Entendez-vous, monsieur? allez vous armer. Le colon humilié sortit avec tous les signes d'une rage concentrée.

Cependant la clameur d'angoisse qui éclatait dans toute la ville se faisait entendre de moments en moments jusque chez le gouverneur, et rappelait aux membres de cette conférence le sujet qui les rassemblait. Monsieur de Blanchelande remit à un aide de camp un ordre au crayon à la hâte, et rompit le silence sombre avec lequel l'assemblée écoutait cette effrayante rumeur. — Les sang-mêlés vont être armés, messieurs; mais il reste bien d'autres mesures à prendre. — Il faut convoquer l'assemblée provinciale, dit le membre de cette assemblée qui avait parlé au moment où j'étais entré. — L'assemblée provinciale! reprit son antagoniste de l'assemblée coloniale. Qu'est-ce que c'est que l'assemblée provinciale? — Parce que vous êtes membre de l'assemblée coloniale! répliqua le *pompon blanc...*

L'*indépendant* l'interrompit : — Je ne connais pas plus la *coloniale* que la *provinciale*. Il n'y a que l'assemblée générale, entendez-vous, monsieur?

— Eh bien! repartit le pompon blanc, je vous dirai, moi, qu'il n'y a que l'assemblée nationale de Paris.

— Convoquer l'assemblée provinciale! répétait l'indépendant en riant; comme si elle n'était pas dissoute du moment où la générale a décidé qu'elle tiendrait ses séances ici.

Une réclamation universelle éclatait dans l'auditoire, ennuyé de cette discussion oiseuse.

— Messieurs nos députés, criait un entrepreneur de cultures, pendant que vous vous occupez de ces balivernes, que deviennent mes cotonniers et ma cochenille?

— Et mes quatre cent mille plants d'indigo au Limbé? ajoutait un planteur.

— Et mes nègres, payés trente dollars par tête l'un dans l'autre? disait un capitaine de négrier.

— Chaque minute que vous perdez, poursuivait un autre

colon, me coûte, montre et tarif en main, dix quintaux de sucre, ce qui, à dix-sept piastres fortes le quintal, fait cent trente livres dix sous, monnaie de France!

— La coloniale, que vous appelez générale, usurpe! reprenait l'autre disputeur, dominant le tumulte à force de voix; qu'elle reste au Port-au-Prince à fabriquer des décrets pour deux lieues de terrain et deux jours de durée, mais qu'elle nous laisse tranquilles ici. Le Cap appartient au congrès provincial du nord, à lui seul!

— Je prétends, reprenait l'indépendant, que Son Excellence monsieur le gouverneur n'a pas droit de convoquer une autre assemblée que l'assemblée générale des représentants de la colonie, présidée par monsieur de Cadusch.

— Mais où est-il, votre président monsieur de Cadusch? demanda le pompon blanc; où est votre assemblée? il n'y en a pas encore quatre membres d'arrivés, tandis que la provinciale est toute ici. Est-ce que vous voudriez par hasard représenter à vous seul toute une assemblée, toute une colonie?

Cette rivalité des deux députés, fidèles échos de leurs assemblées respectives, exigea encore une fois l'intervention du gouverneur.

— Messieurs, où voulez-vous donc enfin en venir avec vos éternelles assemblées *provinciale, générale, coloniale, nationale?*... Aidez-vous aux décisions de cette assemblée en lui en faisant invoquer trois ou quatre autres?

— Morbleu! criait d'une voix de tonnerre le général de Rouvray en frappant violemment sur la table du conseil, quels maudits bavards! j'aimerais mieux lutter de poumons avec une pièce de vingt-quatre. Que nous font ces deux assemblées, qui se disputent le pas comme deux compagnies de grenadiers qui vont monter à l'assaut! Eh bien! convoquez-les toutes deux, monsieur le gouverneur, j'en ferai deux régiments pour marcher contre les noirs; et nous verrons si leurs fusils feront autant de bruit que leurs langues.

Après cette vigoureuse sortie, il se pencha vers son voisin (c'était moi), et dit à demi-voix : — Que voulez-vous que fasse entre deux assemblées de Saint-Domingue, qui se prétendent souveraines, un gouverneur de par le roi de France? Ce sont les beaux parleurs et les avocats qui gâtent tout ici comme dans la métropole. Si j'avais l'honneur d'être monsieur le lieutenant général pour le roi, je jetterais toute cette canaille à la porte. Je dirais : Le roi règne, et moi je gouverne. J'enverrais la responsabilité par-devant les soi-disant représentants à tous les diables; et avec douze croix de Saint-Louis, promises au nom de Sa Majesté, je balayerais tous les rebelles dans l'île de la Tortue, qui a été habitée autrefois par des brigands comme eux, les boucaniers. Souvenez-vous de ce que je vous dis, jeune homme. Les *philosophes* ont enfanté les *philanthropes*, qui ont procréé les *négrophiles*, qui produisent les mangeurs de blancs, ainsi nommés en attendant qu'on leur trouve un nom grec ou latin. Ces prétendues idées libérales dont on s'enivre en France sont un poison sous les tropiques. Il fallait traiter les nègres avec douceur, non les appeler à un affranchissement subit. Toutes les horreurs que vous voyez aujourd'hui à Saint-Domingue sont nées au club Massiac, et l'insurrection des esclaves n'est qu'un contre-coup de la chute de la Bastille.

Pendant que le vieux soldat m'exposait ainsi sa politique étroite, mais pleine de franchise et de conviction, l'orageuse discussion continuait. Un colon, du petit nombre de ceux qui partageaient la frénésie révolutionnaire, qui se faisait appeler le citoyen général C***, pour avoir présidé à quelques sanglantes exécutions, s'était écrié : — Il faut plutôt des supplices que des combats. Les nations veulent des exemples terribles : épouvantons les noirs! C'est moi

qui ai apaisé les révoltes de juin et de juillet en faisant
planter cinquante têtes d'esclaves des deux côtés de l'avenue de mon habitation, en guise de palmiers. Que chacun
se cotise pour la proposition que je vais faire. Défendons
les approches du Cap avec les nègres qui nous restent encore! — Comment! quelle imprudence! répondit-on de
toutes parts. — Vous ne me comprenez pas, messieurs,
reprit le *citoyen général*. Faisons un cordon de têtes de
nègres qui entoure la ville, du fort Picolet à la pointe de
Caracol. Leurs camarades insurgés n'oseront approcher. Il
faut se sacrifier pour la cause commune dans un semblable
moment. Je me dévoue le premier. J'ai cinq cents esclaves
non révoltés : je les offre.

Un mouvement d'horreur accueillit cette exécrable proposition. — C'est abominable! c'est horrible! s'écrièrent
toutes les voix. — Ce sont des mesures de ce genre qui
ont tout perdu, dit un colon. Si l'on ne s'était pas tant
pressé d'exécuter les derniers révoltés de juin, de juillet et
d'août, on aurait pu saisir le fil de leur conspiration, que
la hache du bourreau a coupé.

Le citoyen C*** garda un moment le silence du dépit,
puis il murmura entre ses dents : — Je croyais pourtant
ne pas être suspect. Je suis lié avec des négrophiles; je
corresponds avec Brissot et Pruneau de Pomme-Gouge, en
France; Hans-Sloane, en Angleterre; Magaw, en Amérique; Pezll, en Allemagne; Olivarius, en Danemark;
Wadstrohm, en Suède; Peter Paulus, en Hollande; Aven-
dano, en Espagne; et l'abbé Pierre Tamburini, en Italie!
Sa voix s'élevait à mesure qu'il avançait dans sa nomen-
clature de négrophiles. Il termina enfin en disant : — Mais
il n'y a point ici de philosophes!

Monsieur de Blanchelande, pour la troisième fois, demanda à recueillir les conseils de chacun. — Monsieur le
gouverneur, dit une voix, voici mon avis. Embarquons-nous

tous sur le *Léopard*, qui est mouillé dans la rade. — Mettons à prix la tête de Bouckmann, dit un autre. — Informons de tout ceci le gouverneur de la Jamaïque, dit un troisième. — Oui, pour qu'il nous envoie encore une fois le secours dérisoire de cinq cents fusils! reprit un député de l'assemblée provinciale. Monsieur le gouverneur, envoyez un aviso en France, et attendons! — Attendre! attendre! interrompit monsieur de Rouvray avec force. Et les noirs, attendront-ils? Et la flamme, qui circonscrit déjà cette ville, attendra-t-elle? Monsieur de Thouzard, faites battre la générale, prenez du canon, et allez trouver le gros des rebelles avec vos grenadiers et vos chasseurs. Monsieur le gouverneur, faites faire des camps dans les paroisses de l'est; établissez des postes au Trou et à Vallières; je me charge, moi, des plaines du fort Dauphin. J'y dirigerai les travaux; mon grand-père, qui était mestre de camp du régiment de Normandie, a servi sous monsieur le maréchal de Vauban; j'ai étudié Folard et Bezout, et j'ai quelque pratique de la défense d'un pays. D'ailleurs, les plaines du fort Dauphin, presque enveloppées par la mer et les frontières espagnoles, ont la forme d'une presqu'île, et se protégeront en quelque sorte d'elles-mêmes; la presqu'île du Môle offre un semblable avantage. Usons de tout cela, et agissons!

Le langage énergique et positif du vétéran fit taire subitement toutes les discordances de voix et d'opinions. Le général était dans le vrai. Cette conscience que chacun a de son intérêt véritable rallia tous les avis à celui de monsieur de Rouvray; et, tandis que le gouverneur, par un serrement de main reconnaissant, témoignait au brave officier général qu'il sentait la valeur de ses conseils, bien qu'ils fussent énoncés comme des ordres, et l'importance de son secours, tous les colons réclamaient la prompte exécution des mesures indiquées. Les deux députés des assemblées rivales, seuls, semblaient se séparer de l'adhésion générale, et murmuraient dans leur coin les mots d'*empiétement du pouvoir exécutif*, de *décision hâtive* et de *responsabilité*. Je saisis ce moment pour obtenir de monsieur de Blanchelande les ordres que je sollicitais impatiemment, et je sortis afin de rallier ma troupe et de reprendre sur-le-champ le chemin de l'Acul, malgré la fatigue que tous sentaient, excepté moi.

XVII

Le jour commençait à poindre. J'étais sur la place d'armes, réveillant les miliciens couchés sur leurs manteaux, pêle-mêle avec les dragons jaunes et rouges, les fuyards de la plaine, les bestiaux bêlant et mugissant, et les bagages de tout genre apportés dans la ville par les planteurs des environs. Je commençais à retrouver ma petite troupe dans ce désordre quand je vis un dragon jaune, couvert de sueur et de poussière, accourir vers moi à toute bride. J'allai à sa rencontre, et, au peu de paroles entrecoupées qui lui échappèrent, j'appris avec consternation que mes craintes s'étaient réalisées; que la révolte avait gagné les plaines de l'Acul, et que les noirs assiégeaient le fort Galifet, où s'étaient renfermés les milices et les colons. Il faut vous dire que ce fort Galifet était fort peu de chose; on appelait *fort* à Saint-Domingue tout ouvrage en terre. Il n'y avait donc pas un moment à perdre. Je fis prendre des chevaux à ceux de mes soldats pour qui je pus en trouver; et, guidé par le dragon, j'arrivai sur les domaines de mon oncle vers dix heures du matin.

Je donnai à peine un regard à ces immenses plantations qui n'étaient plus qu'une mer de flammes, bondissant sur la plaine avec de grosses vagues de fumée, à travers les-

quelles le vent emportait de temps en temps, comme des
étincelles, de grands troncs d'arbres hérissés de feux. Un
petillement effrayant, mêlé de craquements et de murmu-
res, semblait répondre aux hurlements lointains des noirs,
que nous entendions déjà sans les voir encore. Moi, je n'a-
vais qu'une pensée, et l'évanouissement de tant de richesses
qui m'étaient réservées ne pouvait m'en distraire, c'était
le salut de Marie. Marie sauvée, que m'importait le reste?
Je la savais renfermée dans le fort, et je ne demandais à
Dieu que d'arriver à temps. Cette espérance seule me soutenait dans mes angoisses, et me donnait un courage et
des forces de lion.

Enfin, un tournant de la route nous laissa voir le fort
Galifet. Le drapeau tricolore flottait encore sur la plate-
forme, et un feu bien nourri couronnait le contour de ses
murs. Je poussai un cri de joie. — Au galop! piquez des
deux! lâchez les brides! criai-je à mes camarades. Et, redoublant de vitesse, nous nous dirigeâmes à travers champs
vers le fort, au bas duquel on apercevait la maison de
mon oncle, portes et fenêtres brisées, mais debout encore,
et rouge des reflets de l'embrasement, qui ne l'avait pas
atteinte, parce que le vent soufflait de la mer, et qu'elle
était isolée des plantations. Une multitude de nègres, em-
busqués dans cette maison, se montraient à la fois à toutes
les croisées et jusque sur le toit; et les torches, les pi-
ques, les haches, brillaient au milieu des coups de fusil
qu'ils ne cessaient de tirer contre le fort, tandis qu'une
autre foule de leurs camarades montait, tombait, et remon-
tait sans cesse autour des murs assiégés qu'ils avaient
chargés d'échelles. Ce flot de noirs, toujours repoussé et
toujours renaissant sur ces murailles grises, ressemblait
de loin à un essaim de fourmis essayant de gravir l'écaille
d'une grande tortue, et dont le lent animal se débarras-
sait par une secousse d'intervalle en intervalle. Nous tou-

chions enfin aux premières circonvallations du fort ; les
regards fixés sur le drapeau qui le dominait, j'encourageai
mes soldats au nom de leurs familles renfermées, comme
la mienne, dans ces murs que nous allions secourir. Une
acclamation générale me répondit, et, formant mon petit
escadron en colonne, je me préparai à donner le signal de
charger le troupeau assiégeant. En ce moment, un grand
cri s'éleva de l'enceinte du fort, un tourbillon de fumée
enveloppa l'édifice tout entier, roula quelque temps ses
plis autour des murs, d'où s'échappait une rumeur pareille
au bruit d'une fournaise, et, en s'éclaircissant, nous laissa
voir le fort Galifet surmonté d'un drapeau rouge. — Tout
était fini !

XVIII

Je ne vous dirai pas ce qui se passa en moi à cet horrible
spectacle. Ce fort pris, ses défenseurs égorgés, vingt familles massacrées, tout ce désastre général, je l'avouerai à
ma honte, ne m'occupa pas un instant. Marie perdue pour
moi ! perdue pour moi peu d'heures après celle qui me
l'avait donnée pour jamais ! perdue pour moi par ma faute,
puisque, si je ne l'avais pas quittée la nuit précédente pour
courir au cap sur l'ordre de mon oncle, j'aurais pu du
moins la défendre ou mourir près d'elle et avec elle, ce
qui n'eût, en quelque sorte, pas été la perdre ! Ces pensées de désolation égarèrent ma douleur jusqu'à la folie.
Mon désespoir était du remords. Cependant mes compagnons exaspérés avaient crié : *Vengeance !* nous nous étions
précipités, le sabre aux dents, les pistolets aux deux
poings, au milieu des insurgés vainqueurs. Quoique bien
supérieurs en nombre, les noirs fuyaient à notre approche ; nous les voyions distinctement à droite et à gauche,

devant et derrière nous, massacrant les blancs et se hâ-
tant d'incendier le fort. Notre fureur s'accroissait de leur
lâcheté. A une poterne du fort, Thadée, couvert de blessures, se présenta devant moi.—Mon capitaine, me dit-il,
votre Pierrot est un sorcier, un *obi*, comme disent ces
damnés nègres, ou au moins un diable. Nous tenions bon,
vous arriviez, et tout était sauvé, quand il a pénétré dans
le fort, je ne sais par où, et voyez!... Quant à monsieur
votre oncle, à sa famille, à madame...—Marie! interrom-
pis-je, où est Marie?—En ce moment un grand noir sortit de derrière une palissade enflammée, emportant une
jeune femme qui criait et se débattait dans ses bras. La
jeune femme était Marie, le noir était Pierrot.— Perfide!
lui criai-je. Je dirigeai un pistolet vers lui : un des esclaves révoltés se jeta au-devant de la balle et tomba mort.
Pierrot se retourna et parut m'adresser quelques paroles ;
puis il s'enfonça avec sa proie au milieu des touffes de
cannes embrasées. Un instant après un chien énorme passa
à sa suite, tenant dans sa gueule un berceau dans lequel
était le dernier enfant de mon oncle. Je reconnus aussi le
chien : c'était Rask. Transporté de rage, je déchargeai sur
lui mon second pistolet; mais je le manquai.

Je me mis à courir comme un insensé sur sa trace;
mais ma double course nocturne, tant d'heures passées
sans prendre de repos et de nourriture, mes craintes pour
Marie, le passage subit du comble du bonheur au dernier
terme du malheur, toutes ces violentes émotions de l'âme
m'avaient épuisé plus encore que les fatigues du corps.
Après quelques pas je chancelai : un nuage se répandit
sur mes yeux, et je tombai évanoui.

XIX

Quand je me réveillai, j'étais dans la maison dévastée de
mon oncle et dans les bras de Thadée. Cet excellent Thadée fixait sur moi des yeux pleins d'anxiété. — Victoire !
cria-t-il dès qu'il sentit mon pouls se ranimer sous sa
main, victoire ! les nègres sont en déroute, et le capitaine
est ressuscité ! J'interrompis son cri de joie par mon éternelle question : — Où est Marie? Je n'avais point encore
rallié mes idées ; il ne me restait que le sentiment et non
le souvenir de mon malheur· Thadée baissa la tête. Alors
toute ma mémoire me revint ; je me retraçai mon horrible
nuit des noces, et le grand nègre emportant Marie dans
ses bras à travers les flammes s'offrit à moi comme une
infernale vision. L'affreuse lumière qui venait d'éclater dans
la colonie et de montrer à tous les blancs des ennemis dans
leurs esclaves me fit voir dans ce Pierrot, si bon, si généreux, si dévoué, qui me devait trois fois la vie, un ingrat,
un monstre, un rival. L'enlèvement de ma femme, la nuit
même de notre union, me prouvait ce que j'avais d'abord
soupçonné, et je reconnus enfin clairement que le chanteur
du pavillon n'était autre que l'exécrable ravisseur de Marie.
Pour si peu d'heures, que de changement ! Thadée me dit
qu'il avait vainement poursuivi Pierrot et son chien ; que
les nègres s'étaient retirés, quoique leur nombre eût pu
facilement écraser ma faible troupe, et que l'incendie des
propriétés de ma famille continuait sans qu'il fût possible
de l'arrêter. Je lui demandai si l'on savait ce qu'était devenu mon oncle, dans la chambre duquel on m'avait ap-
porté. Il me prit la main en silence, et, me conduisant
vers l'alcôve, il en tira les rideaux.

Mon malheureux oncle était là, gisant sur son lit ensan-

glanté, un poignard profondément enfoncé dans le cœur.
Au calme de sa figure, on voyait qu'il avait été frappé dans
le sommeil. La couche du nain Habibrah, qui dormait habituellement à ses pieds, était aussi tachée de sang, et les
mêmes souillures se faisaient remarquer sur la veste cha-
marrée du pauvre fou, jetée à terre à quelques pas du lit.

Je ne doutai pas que le bouffon ne fût mort victime de
son attachement connu pour mon oncle, et n'eût été massacré par ses camarades, peut-être en défendant son maître. Je me reprochai amèrement ces préventions qui m'a-
vaient fait porter de si faux jugements sur Habibrah et sur
Pierrot; je mêlai aux larmes que m'arracha la fin préma-
turée de mon oncle quelques regrets pour son fou. D'après
mes ordres, on rechercha son corps, mais en vain. Je sup-
posai que les nègres avaient emporté et jeté le nain dans
les flammes; et j'ordonnai que dans le service funèbre de
mon beau-père des prières fussent dites pour le repos de
l'âme du fidèle Habibrah.

XX

Le fort Galifet était détruit, nos habitations avaient disparu, un plus long séjour sur ces ruines était inutile et
impossible. Dès le soir même nous retournâmes au Cap.

Là, une fièvre ardente me saisit. L'effort que j'avais fait
sur moi-même pour dompter mon désespoir était trop violent. Le ressort, trop tendu, se brisa. Je tombai dans le
délire. Toutes mes espérances trompées, mon amour pro-
fané, mon amitié trahie, mon avenir perdu, et par-dessus
tout l'implacable jalousie, égarèrent ma raison. Il me semblait que des flammes ruisselaient dans mes veines; ma
tête se rompait, j'avais des furies dans le cœur. Je me
représentais Marie au pouvoir d'un autre amant, au pou-

voir d'un maître, d'un esclave, de Pierrot! On m'a dit qu'a-
lors je m'élançais de mon lit et qu'il fallait six hommes
pour m'empêcher de me fracasser le crâne contre l'angle
des murs. Que ne suis-je mort alors! Cette crise passa. Les
médecins, les soins de Thadée, et je ne sais quelle force de
la vie dans la jeunesse, vainquirent le mal, ce mal qui aurait pu être un si grand bien! Je guéris au bout de dix
jours, et je ne m'en affligeai pas. Je fus content de pouvoir vivre encore quelque temps pour la vengeance!

A peine convalescent, j'allai chez monsieur de Blanchelande demander du service. Il voulait me donner un poste
à défendre; je le conjurai de m'incorporer comme volontaire dans l'une des colonnes mobiles que l'on envoyait de
temps en temps contre les noirs pour balayer le pays.

On avait fortifié le Cap à la hâte. L'insurrection faisait
des progrès effrayants. Les nègres de Port-au-Prince commençaient à s'agiter; Biassou commandait ceux du Limbé,
du Dondon et de l'Acul; Jean-François s'était fait procla-
mer généralissime des révoltés de la plaine de Maribarou;
Bouckmann, célèbre depuis par sa fin tragique, parcourait
avec ses brigands les bords de la Limonade, et enfin les
bandes du Morne-Rouge avaient reconnu pour chef un
nègre nommé Bug-Jargal. Le caractère de ce dernier, si
l'on en croyait les relations, contrastait d'une manière singulière avec la férocité des autres. Tandis que Bouckmann
et Biassou inventaient mille genres de mort pour les prisonniers qui tombaient entre leurs mains, Bug-Jargal s'em-
pressait de leur fournir les moyens de quitter l'île. Les
premiers contractaient des marchés avec les lanches espagnoles qui croisaient autour des côtes, et leur vendaient
d'avance les dépouilles des malheureux qu'ils forçaient à
fuir. Bug-Jargal coula à fond plusieurs de ces corsaires.
Monsieur Colas de Maigné et huit autres colons distingués
furent détachés par ses ordres de la roue où Bouckmann

les avait fait lier. On citait de lui mille autres traits de générosité qu'il serait trop long de vous rapporter.

Mon espoir de vengeance ne paraissait pas près de s'accomplir. Je n'entendais plus parler de Pierrot. Les rebelles commandés par Biassou continuaient d'inquiéter le Cap. Ils avaient même une fois osé aborder le morne qui domine la ville, et le canon de la citadelle avait eu de la peine à les repousser. Le gouverneur résolut de les refouler dans l'intérieur de l'île. Les milices de l'Acul, du Limbé, d'Ouanaminte et de Maribarou, réunies au régiment du Cap et aux redoutables compagnies jaune et rouge, constituaient notre armée active. Les milices du Dondon et du Quartier-Dauphin, renforcées d'un corps de volontaires sous les ordres du négociant Poncignon, formaient la garnison de la ville. Le gouverneur voulut d'abord se délivrer de Bug-Jargal, dont la diversion l'alarmait. Il envoya contre lui les milices d'Ouanaminte et un bataillon du Cap. Ce corps rentra deux jours après, complétement battu. Le gouverneur s'obstina à vouloir vaincre Bug-Jargal; il fit repartir le même corps avec un renfort de cinquante dragons jaunes et de quatre cents miliciens de Maribarou. Cette seconde armée fut encore plus maltraitée que la première. Thadée, qui était de cette expédition, en conçut un violent dépit, et me jura à son retour qu'il s'en vengerait sur Bug-Jargal.

Une larme roula dans les yeux de d'Auverney; il croisa les bras sur sa poitrine et parut durant quelques minutes plongé dans une rêverie douloureuse; enfin il reprit :

XXI

La nouvelle arriva que Bug-Jargal avait quitté le Morne-Rouge et dirigeait sa troupe par les montagnes pour se

joindre à Biassou. Le gouverneur sauta de joie : — Nous les
tenons, dit-il en se frottant les mains. Le lendemain l'armée coloniale était à une lieue en avant du Cap. Les insurgés, à notre approche, abandonnèrent précipitamment
Port-Margot et le fort Galifet, où ils avaient établi un
poste défendu par de grosses pièces d'artillerie de siége,
enlevées à des batteries de la côte; toutes les bandes se
replièrent vers les montagnes. Le gouverneur était triomphant. Nous poursuivîmes notre marche. Chacun de nous,
en passant dans ces plaines arides et désolées, cherchait à
saluer encore d'un triste regard le lieu où étaient ses
champs, ses habitations, ses richesses; souvent il n'en
pouvait reconnaître la place. Quelquefois notre marche
était arrêtée par des embrasements qui des champs culti-
vés s'étaient communiqués aux forêts et aux savanes. Dans
ces climats, où la terre est encore vierge, où la végétation
est surabondante, l'incendie d'une forêt est accompagné
de phénomènes singuliers. On l'entend de loin, souvent
même avant de le voir, sourdre et bruire avec le fracas
d'une cataracte diluviale. Les troncs d'arbres qui éclatent,
les branches qui pétillent, les racines qui craquent dans
le sol, les grandes herbes qui frémissent, le bouillonne-
ment des lacs et des marais enfermés dans la forêt, le sif-
flement de la flamme qui dévore l'air, jettent une rumeur
qui tantôt s'apaise, tantôt redouble avec les progrès de
l'embrasement. Parfois on voit une verte lisière d'arbres
encore intacts entourer longtemps le foyer flamboyant. Tout
à coup une langue de feu débouche par l'une des extrémités de cette fraîche ceinture ? un serpent de flamme
bleuâtre court rapidement le long des tiges, et en un clin
d'œil le front de la forêt disparaît sous un voile d'or
mouvant. Tout brûle à la fois. Alors un dais de fumée
s'abaisse de temps à autre sous le souffle du vent et enveloppe les flammes. Il se roule et se déroule, s'élève et

s'affaisse, se dissipe et s'épaissit, devient tout à coup noir ;
puis une sorte de frange de feu en découpe vivement tous
les bords : un grand bruit se fait entendre, la frange s'efface, la fumée remonte, et verse en s'envolant un flot de
cendre rouge, qui pleut longtemps sur la terre.

XXII

Le soir du troisième jour, nous entrâmes dans les gorges de la Grande-Rivière. On estimait que les noirs étaient
à vingt lieues dans la montagne. Nous assîmes notre camp
sur un mornet qui paraissait leur avoir servi au même
usage, à la manière dont il était dépouillé. Cette position
n'était pas heureuse : il est vrai que nous étions tranquilles. Le mornet était dominé de tous côtés par des rochers à pic, couverts d'épaisses forêts. L'aspérité de ces es-
carpements avait fait donner à ce lieu le nom de *Dompte-
Mulâtre*. La Grande-Rivière coulait derrière le camp ; res-
serrée entre deux côtes, elle était dans cet endroit étroite
et profonde. Ses bords, brusquement inclinés, se héris-
saient de touffes de buissons impénétrables à la vue. Souvent même ses eaux étaient cachées par des guirlandes de
lianes qui, s'accrochant aux branches des érables à fleurs
rouges semés parmi les buissons, mariaient leurs jets d'une
rive à l'autre, et, se croisant de mille manières, formaient
sur le fleuve de larges tentes de verdure. L'œil qui les
contemplait du haut des roches voisines croyait voir des
prairies humides encore de rosée. Un bruit sourd ou quelquefois une sarcelle sauvage, perçant tout à coup ce rideau
fleuri, décelaient seuls le cours de la rivière. Le soleil
cessa bientôt de dorer la cime aiguë des monts lointains
du Dondon ; peu à peu l'ombre s'étendit sur le camp, et le
silence ne fut plus troublé que par les cris de la grue et

les pas mesurés des sentinelles. Tout à coup les redoutables chants d'*Oua-Nassé* et du *Camp de Grand-Pré* se firent entendre sur nos têtes ; les palmiers, les acomas et les cèdres qui couronnaient les rocs s'embrasèrent, et les clartés livides de l'incendie nous montrèrent sur les sommets voisins de nombreuses bandes de nègres et de mulâtres, dont le teint cuivré paraissait rouge à la lueur des flammes. C'étaient ceux de Biassou.

Le danger était imminent. Les chefs, s'éveillant en sursaut, coururent rassembler leurs soldats ; le tambour battit la générale ; la trompette sonna l'alarme ; nos lignes se formèrent en tumulte, et les révoltés, au lieu de profiter du désordre où nous étions, immobiles, nous regardaient en chantant *Oua-Nassé*. Un noir gigantesque parut seul sur le plus élevé des pics secondaires qui encaissent la Grande-Rivière ; une plume couleur de feu flottait sur son front ; une hache était dans sa main droite, un drapeau rouge dans sa main gauche ; je reconnus Pierrot ! Si une carabine se fût trouvée à ma portée, la rage m'aurait peut-être fait commettre une lâcheté. Le noir répéta le refrain d'*Oua-Nassé*, planta son drapeau sur le pic, lança sa hache au milieu de nous, et s'engloutit dans les flots du fleuve. Un regret s'éleva en moi, car je crus qu'il ne mourrait plus de ma main. Alors les noirs commencèrent à rouler sur nos colonnes d'énormes quartiers de rochers ; une grêle de balles et de flèches tomba sur le mornet. Nos soldats, furieux de ne pouvoir atteindre les assaillants, expiraient en désespérés, écrasés par les rochers, criblés de balles ou percés de flèches. Une horrible confusion régnait dans l'armée. Soudain un bruit affreux parut sortir du milieu de la Grande-Rivière. Une scène extraordinaire s'y passait : les dragons jaunes, extrêmement maltraités par les masses que les rebelles poussaient du haut des montagnes, avaient conçu l'idée de se réfugier, pour y échapper, sous les voûtes flexibles de lianes dont le fleuve était couvert. Thadée avait le premier mis en avant ce moyen, d'ailleurs ingénieux... Ici le narrateur fut soudainement interrompu.

XXIII

Il y avait plus d'un quart d'heure que le sergent Thadée, le bras droit en écharpe, s'était glissé, sans être vu de personne, dans un coin de la tente, où ses gestes avaient seuls exprimé la part qu'il prenait aux récits de son capitaine, jusqu'à ce moment où, ne croyant pas que le respect lui permît de laisser passer un éloge aussi direct sans en remercier d'Auverney, il se prit à balbutier d'un ton confus : — Vous êtes bien bon, mon capitaine. Un éclat de rire général s'éleva. D'Auverney se retourna et lui cria d'un ton sévère : — Comment! vous ici, Thadée! et votre bras?

A ce langage si nouveau pour lui, les traits du vieux soldat se rembrunirent; il chancela et leva la tête en arrière, comme pour arrêter les larmes qui roulaient dans ses yeux. — Je ne croyais pas, dit-il enfin à voix basse, je n'aurais jamais cru que mon capitaine pût manquer à son vieux sergent jusqu'à lui dire *vous.*

Le capitaine se leva précipitamment. — Pardonne, mon vieil ami, pardonne, je ne sais ce que j'ai dit; tiens, Thad, me pardonnes-tu? Les larmes jaillirent des yeux du sergent malgré lui.—Voilà la troisième fois, balbutia-t-il; mais celles-ci sont de joie. La paix était faite. Un court silence s'ensuivit. — Mais, dis-moi, Thad, demanda le capitaine doucement, pourquoi as-tu quitté l'ambulance pour venir ici? — C'est que, avec votre permission, j'étais

venu pour vous demander, mon capitaine, s'il faudrait
faire mettre demain la housse galonnée à votre cheval de
bataille.

Henri se mit à rire : — Vous auriez mieux fait, Thadée,
de demander au chirurgien-major s'il faudrait mettre demain deux onces de charpie sur votre bras malade. — Ou
de vous informer, reprit Paschal, si vous pourriez boire un
peu de vin pour vous rafraîchir; en attendant, voici de
l'eau-de-vie qui ne peut que vous faire du bien : goûtez-
en, mon brave sergent.

Thadée s'avança, fit un salut respectueux, s'excusa de
prendre le verre de la main gauche, et le vida à la santé
de la compagnie. Il s'anima. — Vous en étiez, mon capitaine, au moment où... Eh bien! oui, ce fut moi qui proposai d'entrer sous les lianes pour empêcher des chrétiens
d'être tués par des pierres. Notre officier, qui, ne sachant
pas nager, craignait de se noyer, et cela était bien natu-
rel, s'y opposait de toutes ses forces, jusqu'à ce qu'il vît,
avec votre permission, messieurs, un gros caillou, qui
manqua de l'écraser, tomber sur la rivière sans pouvoir
s'y enfoncer, à cause des herbes. Il vaut encore mieux,
dit-il alors, mourir comme Pharaon d'Egypte que comme
saint Etienne. Nous ne sommes pas des saints, et Pharaon était un militaire comme nous. Mon officier, un sa-
vant, comme vous voyez, voulut donc bien se rendre à mon
avis, à condition que j'essayerais le premier de l'exécuter.
Je vais. Je descends le long du bord, je saute sous le berceau en me tenant aux branches d'en haut, et, dites, mon
capitaine, je me sens tirer par la jambe : je me débats, je
crie au secours, je reçois plusieurs coups de sabre, et voilà
tous les dragons, qui étaient des diables, qui se précipi-
tent pêle-mêle sous les lianes. C'étaient les noirs du Morne-
Rouge qui s'étaient cachés là sans qu'on s'en doutât, pro-
bablement pour nous tomber sur le dos, comme un sac

trop chargé, le moment d'après. — Cela n'aurait pas été un bon moment pour pêcher. — On se battait, on jurait, on criait. Etant nus, ils étaient plus alertes que nous; mais nos coups portaient mieux que les leurs. Nous nagions d'un bras et nous nous battions de l'autre, comme cela se pratique toujours dans ce cas-là. — Ceux qui ne savaient pas nager, dites, mon capitaine, se suspendaient d'une main aux lianes, et les noirs les tiraient par les pieds. Au milieu de la bagarre, je vis un grand nègre qui se défendait comme un Belzébuth contre huit ou dix de mes camarades; je nageai là, et je reconnus Pierrot, autrement dit Bug... Mais cela ne doit se découvrir qu'après, n'est-ce pas, mon capitaine? Je reconnus Pierrot. Depuis la prise du fort, nous étions brouillés ensemble; je le saisis à la gorge; il allait se délivrer de moi d'un coup de poignard, quand il me regarda et se rendit au lieu de me tuer; ce qui fut très-malheureux, mon capitaine, car s'il ne s'était pas rendu... — Mais cela se saura plus tard. — Sitôt que les nègres le virent pris, ils sautèrent sur nous pour le délivrer; si bien que les milices allaient aussi entrer dans l'eau pour nous secourir, quand Pierrot, voyant sans doute que les nègres allaient tous être massacrés, dit quelques mots qui étaient un vrai grimoire, puisque cela les mit tous en fuite. Ils plongèrent, et disparurent en un clin d'œil... Cette bataille sous l'eau aurait eu quelque chose d'agréable et m'aurait bien amusé si je n'y avais pas perdu un doigt et mouillé dix cartouches, et si... pauvre homme! mais cela était écrit, mon capitaine... — Et le sergent, après avoir respectueusement appuyé le revers de sa main gauche sur la grenade de son bonnet de police, l'éleva vers le ciel d'un air inspiré.

D'Auverney paraissait violemment agité. — Oui, dit-il, oui, tu as raison, mon vieux Thadée, cette nuit-là fut une nuit fatale. Il serait tombé dans une de ces profondes rêveries qui lui étaient habituelles, si l'assemblée ne l'eût vivement pressé de continuer. Il poursuivit.

XXIV

Tandis que la scène que Thadée vient de décrire..... — Thadée, triomphant, vint se placer derrière le capitaine; — tandis que la scène que Thadée vient de décrire se passait derrière le mornet, j'étais parvenu, avec quelques-uns des miens, à grimper de broussaille en broussaille sur un pic nommé le *Pic du Paon*, à cause des teintes irisées que le mica répandu à sa surface présentait aux rayons du soleil. Ce pic était de niveau avec les positions des noirs. Le chemin une fois frayé, le sommet fut bientôt couvert de milices; nous commençâmes une vive fusillade. Les nègres, moins bien armés que nous, ne purent nous riposter aussi chaudement; ils commencèrent à se décourager; nous redoublâmes d'acharnement, et bientôt les rocs les plus voisins furent évacués par les rebelles, qui cependant eurent d'abord soin de faire rouler les cadavres de leurs morts sur le reste de l'armée, encore rangée en bataille sur le mornet. Alors nous abattîmes et liâmes ensemble avec des feuilles de palmier et des cordes plusieurs troncs de ces énormes cotonniers sauvages dont les premiers habitants de l'île faisaient des pirogues de cent rameurs. A l'aide de ce pont improvisé, nous passâmes sur les pics abandonnés, et une partie de l'armée se trouva ainsi avantageusement postée. Cet aspect ébranla le courage des insurgés. Notre feu se soutenait; des clameurs lamentables, auxquelles se mêlait le nom de Bug-Jargal, retentirent soudain dans l'armée de Biassou. Une grande épouvante s'y manifesta. Plusieurs noirs du Morne-Rouge parurent sur le roc où flottait le drapeau écarlate; ils se prosternèrent, enlevèrent l'étendard, et se précipitèrent avec lui dans les gouffres de la Grande-Rivière. Cela semblait signifier que leur chef était mort ou pris.

Notre audace s'en accrut à un tel point, que je résolus de chasser à l'arme blanche les rebelles des rochers qu'ils occupaient encore. Je fis jeter un pont de troncs d'arbres entre notre pic et le roc le plus voisin, et je m'élançai le premier au milieu des nègres. Les miens allaient me suivre, quand un des rebelles, d'un coup de hache, fit voler le pont en éclats. Les débris tombèrent dans l'abime, en battant les rocs avec un bruit épouvantable. Je tournai la tête : en même temps, je me sentis saisir par six ou sept noirs qui me désarmèrent. Je me débattais comme un lion ; ils me lièrent avec des cordes d'écorce, sans s'inquiéter des balles que mes gens faisaient pleuvoir autour d'eux. Mon désespoir ne fut adouci que par les cris de victoire que j'entendis pousser autour de moi un instant après ; je vis bientôt les noirs et les mulâtres gravir pêle-mêle les sommets les plus escarpés, en jetant des clameurs de détresse. Mes gardiens les imitèrent ; le plus vigoureux d'entre eux me chargea sur ses épaules, et m'emporta vers les forêts, en sautant de roche en roche avec l'agilité d'un chamois. La lueur des flammes cessa bientôt de le guider ; la faible lumière de la lune lui suffit ; il se mit à marcher avec moins de rapidité.

XXV

Après avoir traversé des halliers et franchi des torrents, nous arrivâmes dans une haute vallée d'un aspect singulièrement sauvage. Ce lieu m'était absolument inconnu. Cette vallée était située dans le cœur même des mornes, dans ce qu'on appelle à Saint-Domingue les *doubles montagnes*.

C'était une grande savane verte, emprisonnée dans des murailles de roches nues, parsemée de bouquets de pins, de gayacs et de palmistes. Le froid vif qui règne presque continuellement dans cette région de l'île, bien qu'il n'y gèle pas, était encore augmenté par la fraîcheur de la nuit, qui finissait à peine. L'aube commençait à faire revivre la blancheur des hauts sommets environnants, et la vallée, encore plongée dans une obscurité profonde, n'était éclairée que par une multitude de feux allumés par les nègres; car c'était là leur point de ralliement. Les membres disloqués de leur armée s'y rassemblaient en désordre. Les noirs et les mulâtres arrivaient de moment en moment par troupes effarées avec des cris de détresse ou des hurlements de rage. De nouveaux feux, brillants comme des yeux de tigre dans la sombre savane, marquaient à chaque instant que le cercle du camp s'agrandissait.

Le nègre dont j'étais le prisonnier m'avait déposé au pied d'un chêne, d'où j'observais avec insouciance ce bizarre spectacle. Le noir m'attacha par la ceinture au tronc de l'arbre auquel j'étais adossé, resserra les nœuds redoublés qui comprimaient tous mes mouvements, mit sur ma tête son bonnet de laine rouge, sans doute pour indiquer que j'étais sa propriété, et, après qu'il se fut ainsi assuré que je ne pourrais ni m'échapper ni lui être enlevé par d'autres, il se disposa à s'éloigner. Je me décidai alors à lui adresser la parole, et je lui demandai en patois créole s'il était de la bande du Dondon ou de celle du Morne-Rouge. Il s'arrêta et me répondit d'un air d'orgueil : Morne-Rouge! Une idée me vint. J'avais entendu parler de la générosité du chef de cette bande, Bug-Jargal, et, quoique résolu sans peine à une mort qui devait finir tous mes malheurs, l'idée des tourments qui m'attendaient si je la recevais de Biassou ne laissait pas que de m'inspirer quelque horreur. Je n'aurais pas mieux demandé que de

mourir sans ces tortures. C'était peut-être une faiblesse,
mais je crois qu'en de pareils moments notre nature
d'homme se révolte toujours. Je pensais donc que, si je
pouvais me soustraire à Biassou, j'obtiendrais peut-être de
Bug-Jargal une mort sans supplices, une mort de soldat.
Je demandai à ce nègre du Morne-Rouge de me conduire
à son chef, Bug-Jargal. Il tressaillit. Bug-Jargal ! dit-il en
se frappant le front avec désespoir ; puis, passant rapidement à l'expression de la fureur, il me cria, en me montrant le poing : — Biassou ! Biassou ! Après ce nom menaçant, il me quitta. La colère et la douleur du nègre me
rappelèrent cette circonstance du combat de laquelle nous
avions conclu la prise ou la mort du chef des bandes du
Morne-Rouge. Je n'en doutai plus, et je me résignai à cette
vengeance de Biassou dont le noir semblait me menacer.

XXVI

Cependant les ténèbres couvraient encore la vallée, où
la foule des noirs et le nombre des feux s'accroissaient
sans cesse. Un groupe de négresses vint allumer un foyer
près de moi. Aux nombreux bracelets de verre bleu, rouge
et violet qui brillaient échelonnés sur leurs bras et leurs
jambes, aux anneaux qui chargeaient leurs oreilles, aux
bagues qui ornaient tous les doigts de leurs mains et do
leurs pieds, aux amulettes attachées sur leur sein, au *collier
de charmes* suspendu à leur cou, au tablier de plumes bariolées, seul vêtement qui voilât leur nudité, et surtout à
leurs clameurs cadencées, à leurs regards vagues et hagards, je reconnus des *griotes*. Vous ignorez peut-être qu'il
existe parmi les noirs de diverses contrées de l'Afrique des
nègres doués de je ne sais quel grossier talent de poésie et
d'improvisation qui ressemble à la folie. Ces nègres, er-

rant de royaume en royaume, sont, dans ces pays barbares, ce qu'étaient les rapsodes antiques, et dans le moyen âge les *minstrels* d'Angleterre, les *minnesinger* d'Allemagne et les *trouverres* de France. On les appelle *griots*. Leurs femmes, les griotes, possédées commé eux d'un démon insensé, accompagnent les chansons barbares de leurs maris par des danses lubriques, et présentent une parodie grotesque des bayadères de l'Hindoustan et des almées égyptiennes. C'étaient donc quelques-unes de ces femmes qui venaient de s'asseoir en rond, à quelques pas de moi, les jambes repliées à la mode africaine, autour d'un grand amas de branchages desséchés, qui brûlait en faisant trembler sur leurs visages hideux la lueur rouge de ses flammes. Dès que leur cercle fut formé, elles se prirent toutes la main, et la plus vieille, qui portait une plume de héron plantée dans ses cheveux, se mit à crier : *Ouanga!* Je compris qu'elles allaient opérer un de ces sortiléges qu'elles désignent sous ce nom. Toutes répétèrent : *Ouanga!* La plus vieille, après un silence de recueillement, arracha une poignée de ses cheveux, et la jeta dans le feu en disant ces paroles sacramentelles : *Malé o guiab!* qui, dans le jargon des nègres créoles, signifient : J'irai au diable. Toutes les griotes, imitant leur doyenne, livrèrent aux flammes une mèche de leurs cheveux, et redirent gravement : *Malé o guiab!*

Cette invocation étrange et les grimaces burlesques qui l'accompagnaient m'arrachèrent cette espèce de convulsion involontaire qui saisit souvent malgré lui l'homme le plus sérieux ou le plus pénétré de douleur, et qu'on appelle le *fou rire*. Je voulus en vain le réprimer, il éclata. Ce rire, échappé à un cœur bien triste, fit naître une scène singulièrement sombre et effrayante. Toutes les négresses, troublées dans leur mystère, se levèrent comme réveillées en sursaut. Elles ne s'étaient pas aperçues jusque-là de ma présence. Elles coururent tumultueusement vers moi en hurlant : *Blanco! blanco!* Je n'ai jamais vu une réunion de figures plus diversement horribles que ne l'étaient dans leur fureur tous ces visages noirs avec leurs dents blanches et leurs yeux blancs traversés de grosses veines sanglantes. Elles m'allaient déchirer. La vieille à la plume de héron fit un signe, et cria à plusieurs reprises : *Zoté cordé! zoté cordé* (1)! Les forcenées s'arrêtèrent subitement, et je les vis, non sans surprise, détacher toutes ensemble leurs tabliers de plumes, les jeter sur l'herbe, et commencer autour de moi cette danse lascive que les noirs appellent la *chica*. Cette danse, dont les attitudes grotesques et la vive allure n'expriment que le plaisir et la gaieté, empruntait ici de diverses circonstances accessoires un caractère sinistre. Les regards foudroyants que me lançaient les griotes au milieu de leurs folâtres évolutions, l'accent lugubre qu'elles donnaient à l'air joyeux de la *chica*, le gémissement aigu et prolongé que la vénérable présidente du sanhédrin noir arrachait de temps en temps à son balafo, espèce d'épinette qui murmure comme un petit orgue, et se compose d'une vingtaine de tuyaux de bois dont la grosseur et la longueur vont en diminuant graduellement, et surtout l'horrible rire que chaque sorcière nue, à certaines pauses de la danse, venait me présenter à son tour, en appuyant presque son visage sur le mien, ne m'annonçaient que trop à quels affreux châtiments devait s'attendre le *blanco* profanateur de leur ouanga. Je me rappelai la coutume de ces peuplades sauvages, qui dansent autour des prisonniers avant de les massacrer, et je laissai patiemment ces femmes exécuter le ballet du drame dont je devais ensanglanter le dénoûment. Cependant je ne pus m'empêcher de frémir quand

(1) Accordez-vous! accordez-vous!

je vis, à un moment marqué par le balafo, chaque griote
mettre dans le brasier la pointe d'une lame de sabre ou le
fer d'une hache, l'extrémité d'une longue aiguille à voi-
lure, les pinces d'une tenaille ou les dents d'une scie.

La danse touchait à sa fin ; les instruments de torture
étaient rouges. A un signal de la vieille, les négresses al-
lèrent processionnellement chercher, l'une après l'autre,
quelque arme horrible dans le feu.

Celles qui ne purent se munir d'un fer ardent prirent
un tison enflammé. Alors je compris clairement quel supplice m'était réservé, et que j'aurais un bourreau dans
chaque danseuse. A un autre commandement de leur cory-
phée, elles recommencèrent une dernière ronde en se lamentant d'une manière effrayante. Je fermai les yeux pour
ne plus voir du moins les ébats de ces démons femelles,
qui, haletant de fatigue et de rage, entrechoquaient en ca-
dence sur leurs têtes leurs ferrailles flamboyantes, d'où
s'échappaient un bruit aigu et des myriades d'étincelles.
J'attendis en me roidissant l'instant où je sentirais mes
chairs se tourmenter, mes os se calciner, mes nerfs se
tordre sous les morsures brûlantes des tenailles et des
scies, et un frisson courut sur tous mes membres. Ce fut
un moment affreux. Il ne dura heureusement pas longtemps. La chica des griotes atteignait son dernier période,
quand j'entendis de loin la voix du nègre qui m'avait fait
prisonnier. Il accourait en criant : *¿ Que haceis. mugeres de
demonio? ¿ que haceis allí? Dexais mi prisonero* (1) !
Je rouvris les yeux. Il était déjà grand jour. Le nègre se
hâtait avec mille gestes de colère. Les griotes s'étaient ar-
rêtées ; mais elles paraissaient moins émues de ces menaces qu'interdites par la présence d'un personnage assez
bizarre dont le noir était accompagné.

(1) Que faites-vous, femmes du démon? que faites-vous là ?
Laissez mon prisonnier !

C'était un homme très-gros et très-petit, une sorte de
nain, dont le visage était caché par un voile blanc percé
de trois trous pour la bouche et les yeux, à la manière des
pénitents. Ce voile, qui tombait sur son cou et ses épaules,
laissait nue sa poitrine velue, dont la couleur me parut
être celle des griffes, et sur laquelle brillait, suspendu à
une chaine d'or, le soleil d'un ostensoir d'argent tronqué.
On voyait le manche en croix d'un poignard grossier passer au-dessus de sa ceinture écarlate, qui soutenait un jupon rayé de vert, de jaune et de noir, dont la frange descendait jusqu'à ses pieds larges et difformes. Ses bras, nus
comme sa poitrine, agitaient un bâton blanc; un chapelet,
dont les grains étaient d'adrézarach, pendait à sa ceinture,
près du poignard; et son front était surmonté d'un bonnet
pointu orné de sonnettes, dans lequel, lorsqu'il s'approcha,
je ne fus pas peu surpris de reconnaître la *gorra* d'Habibrah. Seulement, parmi les hiéroglyphes dont cette espèce
de mitre était couverte, on remarquait des taches de sang.
C'était sans doute le sang du fidèle bouffon. Ces traces de
meurtre me parurent une nouvelle preuve de sa mort, et
réveillèrent dans mon cœur un dernier regret. Au moment
où les griotes aperçurent cet héritier du bonnet d'Habibrah, elles s'écrièrent toutes ensemble : L'obi! et tombèrent prosternées. Je devinai que c'était le sorcier de l'armée de Biassou. — *Basta! basta!* dit-il en arrivant près
d'elles, avec une voix sourde et grave, *dexais el prisionero
de Biassu* (1)! Toutes les négresses, se relevant en tumulte, jetèrent les instruments de mort dont elles étaient
chargées, reprirent leurs tabliers de plumes, et, à un geste
de l'obi, elles se dispersèrent comme une nuée de saute-
relles. En ce moment le regard de l'obi parut se fixer sur
moi; il tressaillit, recula d'un pas, et reporta son bâton

(1) Il suffit! il suffit! Laissez le prisonnier de Biassou!

blanc vers les griotes, comme s'il eût voulu les rappeler. Cependant, après avoir grommelé entre ses dents le mot *maldicho* (1), et dit quelques paroles à l'oreille du nègre, il se retira lentement en croisant les bras et dans l'attitude d'une profonde méditation.

XXVII

Mon gardien m'apprit alors que Biassou demandait à me voir, et qu'il fallait me préparer à soutenir dans une heure une entrevue avec ce chef.

C'était sans doute encore une heure de vie. En attendant qu'elle fût écoulée, mes regards erraient sur le camp des rebelles, dont le jour me laissait voir dans ses moindres détails la singulière physionomie. Dans une autre disposition d'esprit, je n'aurais pu m'empêcher de rire de l'inepte vanité des noirs, qui étaient presque tous chargés d'ornements militaires et sacerdotaux, dépouilles de leurs victimes. La plupart de ces parures n'étaient plus que des haillons déchiquetés et sanglants. Il n'était pas rare de voir briller un hausse-col sous un rabat, ou une épaulette sur une chasuble. Sans doute, pour se délasser des travaux auxquels ils avaient été condamnés toute leur vie, les nègres restaient dans une inaction inconnue à nos soldats, même retirés sous la tente. Quelques-uns dormaient au grand soleil, la tête près d'un feu ardent; d'autres, l'œil tour à tour terne et furieux, chantaient un air monotone, accroupis sur le seuil de leurs *ajoupas*, espèce de huttes couvertes de feuilles de bananier ou de palmier, dont la forme conique ressemble à nos tentes canonnières. Leurs femmes noires ou cuivrées, aidées des négrillons, préparaient la

(1) Maudit!

nourriture des combattants. Je les voyais remuer avec des
fourches l'igname, les bananes, la patate, les pois, le coco,
le maïs, ce chou caraïbe qu'ils appellent tayo, et une foule
d'autres fruits indigènes qui bouillonnaient autour des
quartiers de porc, de tortue et de chien, dans de grandes
chaudières volées aux cases des planteurs. Dans le lointain,
aux limites du camp, les griots et les griotes formaient de
grandes rondes autour des feux, et le vent m'apportait par
lambeaux leurs chants barbares mêlés aux sons des guitares
et des balafos. Quelques vedettes, placées aux sommets des
rochers voisins, éclairaient les alentours du quartier général de Biassou, dont le seul retranchement, en cas d'atta-
taque, était un cordon circulaire de cabrouets, chargés de
butin et de munitions. Ces sentinelles noires, debout sur la
pointe aiguë des pyramides de granit dont les mornes sont
hérissés, tournaient fréquemment sur elles-mêmes, comme
les girouettes sur les flèches gothiques, et se renvoyaient
l'une à l'autre, de toute la force de leurs poumons, le cri
qui maintenait la sécurité du camp : *Nada! nada* (1)! De
temps en temps, des attroupements de nègres curieux se
formaient autour de moi. Tous me regardaient d'un air
menaçant.

XXVIII

Enfin, un peloton de soldats de couleur, assez bien armés, arriva vers moi. Le noir à qui je semblais appartenir me détacha du chêne auquel j'étais lié, et me remit au
chef de l'escouade, des mains duquel il reçut en échange
un assez gros sac, qu'il ouvrit sur-le-champ. C'étaient des
piastres. Pendant que le nègre, agenouillé sur l'herbe, les

(1) Rien ! rien !

comptait avidement, les soldats m'entraînaient. Je consi-
dérai avec curiosité leur équipement. Ils portaient un uniforme de gros drap brun-rouge et jaune, coupé à l'espagnole. Une espèce de *montera* castillane, ornée d'une large
cocarde rouge (1), cachait leurs cheveux de laine. Ils
avaient, au lieu de giberne, une façon de carnassière attachée sur le côté. Leurs armes étaient un lourd fusil, un
sabre et un poignard. J'ai su depuis que cet uniforme était
celui de la garde particulière de Biassou. Après plusieurs
circuits entre les rangées irrégulières d'ajoupas qui encom-
braient le camp, nous parvînmes à l'entrée d'une grotte
taillée par la nature, au pied de l'un de ces immenses pans
de roches dont la savane était murée. Un grand rideau
d'une étoffe thibétaine qu'on appelle le katchmir, et qui se
distingue moins par l'éclat de ses couleurs que par ses
plis moelleux et ses dessins variés, fermait à l'œil l'intérieur de cette caverne. Elle était entourée de plusieurs lignes redoublées de soldats équipés comme ceux qui m'a-
vaient amené. Après l'échange du mot d'ordre avec les deux
sentinelles qui se promenaient devant le seuil de la grotte,
le chef de l'escouade souleva le rideau de katchmir, et
m'introduisit en le laissant retomber derrière moi.

Une lampe de cuivre à cinq becs, pendue par des chaî-
nes à la voûte, jetait une lumière vacillante sur les parois
humides de cette caverne fermée au jour. Entre deux haies
de soldats mulâtres, j'aperçus un homme de couleur, assis
sur un énorme tronc d'acajou, que recouvrait à demi un
tapis de plumes de perroquet. Cet homme appartenait à
l'espèce des *sacatras*, qui n'est séparée des nègres que par
une nuance, souvent imperceptible. Son costume était ridicule. Une ceinture magnifique de tresse de soie, à laquelle pendait une croix de Saint-Louis, retenait à la hau-

(1) On sait que cette couleur est celle de la cocarde espagnole.

teur du nombril un caleçon bleu, de toile grossière; une
veste de basin blanc, trop courte pour descendre jusqu'à
la ceinture, complétait son vêtement. Il portait des bottes
grises, un chapeau rond, surmonté d'une cocarde rouge, et
des épaulettes, dont l'une était d'or avec les deux étoiles
d'argent des maréchaux de camp, l'autre de laine jaune. ·
Deux étoiles de cuivre, qui paraissaient avoir été des mol-
lettes d'éperons, avaient été fixées sur la dernière, sans
doute pour la rendre digne de figurer auprès de sa brillante
compagne. Ces deux épaulettes, n'étant point bridées à
leur place naturelle par des ganses transversales, pendaient
des deux côtés de la poitrine du chef. Un sabre et des pistolets richement damasquinés étaient posés sur le tapis de
plumes auprès de lui.

Derrière son siége se tenaient, silencieux et immobiles,
deux enfants revêtus du caleçon des esclaves, et portant
chacun un large éventail de plumes de paon. Ces deux enfants esclaves étaient blancs. Deux carreaux de velours cra-
moisi, qui paraissaient avoir appartenu à quelque prie-Dieu
de presbytère, marquaient deux places à droite et à gauche du bloc d'acajou. L'une de ces places, celle de droite,
était occupée par l'obi qui m'avait arraché à la fureur des
griotes. Il était assis les jambes repliées, tenant sa baguette droite, immobile comme une idole de porcelaine
dans une pagode chinoise. Seulement, à travers les trous
de son voile, je voyais briller ses yeux flamboyants con-
stamment attachés sur moi. De chaque côté du chef étaient
des faisceaux de drapeaux, de bannières et de guidons de
toute espèce, parmi lesquels je remarquai le drapeau blanc
fleurdelisé, le drapeau tricolore et le drapeau d'Espagne.
Les autres étaient des enseignes de fantaisie. On y voyait
un grand étendard noir. Dans le fond de la salle, au-dessus
de la tête du chef, un autre objet attira encore mon attention.
C'était le portrait de ce mulâtre Ogé, qui avait été roué l'an-

née précédente au Cap, pour crime de rébellion, avec son lieutenant Jean-Baptiste Chavanne, et vingt autres noirs ou sang-mêlés. Dans ce portrait, Ogé, fils d'un boucher du Cap, était représenté comme il avait coutume de se faire peindre, en uniforme de lieutenant-colonel, avec la croix de Saint-Louis, et l'ordre du Mérite du Lion, qu'il avait acheté en Europe du prince de Limbourg.

Le chef sacatra devant lequel j'étais introduit était d'une taille moyenne. Sa figure ignoble offrait un rare mélange de finesse et de cruauté. Il me fit approcher, et me considéra quelque temps en silence; enfin il se mit à ricaner à la manière de l'hyène. — Je suis Biassou, me dit-il. Je m'attendais à ce nom, mais je ne pus l'entendre de cette bouche, au milieu de ce rire féroce, sans frémir intérieurement. Mon visage pourtant resta calme et fier. Je ne répondis rien. — Eh bien! reprit-il en assez mauvais français, est-ce que tu viens déjà d'être empalé, pour ne pouvoir plier l'épine du dos en présence de Jean Biassou, généralissime des pays conquis, et le maréchal de camp des armées de *su magestad catolica?* (La tactique des principaux chefs rebelles était de faire croire qu'ils agissaient, tantôt pour le roi de France, tantôt pour la révolution, tantôt pour le roi d'Espagne.)

Je croisai les bras sur ma poitrine, et le regardai fixement. Il commença à ricaner. Ce *tic* lui était familier. — Oh! oh! *me pareces hombre de buen corazon* (1). Eh bien! écoute ce que je vais te dire : Es-tu créole? — Non, répondis-je, je suis Français. Mon assurance lui fit froncer le sourcil. Il reprit en ricanant : — Tant mieux; je vois à ton uniforme que tu es officier. Quel âge as-tu? — Vingt ans. — Quand les as-tu atteints?

A cette question, qui réveillait en moi de bien doulou-

(1) Tu me parais homme de bon courage.

reux souvenirs, je restai un moment absorbé dans mes pensées. Il la répéta vivement. Je lui répondis : — Le jour où ton compagnon Léogri fut pendu. La colère contracta ses traits; son ricanement se prolongea. Il se contint cependant. — Il y a vingt-trois jours que Léogri fut pendu, me dit-il. Français, tu lui diras ce soir, de ma part, que tu as vécu vingt-quatre jours de plus que lui. Je veux te laisser au monde encore cette journée, afin que tu puisses lui conter où en est la liberté de ses frères, ce que tu as vu dans le quartier général de Jean Biassou, maréchal de camp, et quelle est l'autorité de ce généralissime sur les *gens du roi.*

C'était sous ce titre que Jean-François, qui se faisait appeler *grand amiral de France,* et son camarade Biassou, désignaient leurs hordes de nègres et de mulâtres révoltés. Alors il ordonna que l'on me fît asseoir entre deux gardes dans un coin de la grotte, et, adressant un signe de la main à quelques nègres affublés de l'habit d'aide de camp : — Qu'on batte le rappel, que toute l'armée se rassemble autour de notre quartier général, pour que nous la passions en revue. Et vous, monsieur le chapelain, dit-il en se tournant vers l'obi, couvrez-vous de vos vêtements sacerdotaux, et célébrez pour nous et nos soldats le saint sacrifice de la messe.

L'obi se leva, s'inclina profondément devant Biassou, et lui dit à l'oreille quelques paroles que le chef interrompit brusquement à haute voix. — Vous n'avez point d'autel, dites-vous, *señor cura!* cela est-il étonnant dans ces montagnes? Mais qu'importe! depuis quand le *bon Giu* (1) a-t-il besoin pour son culte d'un temple magnifique, d'un autel orné d'or et de dentelles? Gédéon et Josué l'ont adoré devant des monceaux de pierres; faisons comme eux, *bon*

---

(1) Patois créole. Le bon Dieu.

per (1)*!* il suffit au *bon Giu* que les cœurs soient fervents.
Vous n'avez point d'autel! Eh bien! ne pouvez-vous pas
en faire un de cette grande caisse de sucre, prise avant-
hier par les gens du roi dans l'habitation Dubuisson? L'intention de Biassou fut promptement exécutée. En un clin
d'œil l'intérieur de la grotte fut disposé pour cette parodie
du divin mystère. On apporta un tabernacle et un saint-ci-
boire enlevés à la paroisse de l'Acul, au même temple où
mon union avec Marie avait reçu du ciel une bénédiction
si promptement suivie de malheur. On érigea en autel la
caisse de sucre volée, qui fut couverte d'un drap blanc, en
guise de nappe, ce qui n'empêchait pas de lire sur les faces
latérales de cet autel : *Dubuisson et C*ᵉ, *pour Nantes.*

Quand les vases sacrés furent placés sur la nappe, l'obi
s'aperçut qu'il manquait une croix; il tira son poignard,
dont la garde horizontale présentait cette forme, et le
planta debout entre le calice et l'ostensoir, devant le tabernacle. Alors, sans ôter son bonnet de sorcier et son
voile de pénitent, il jeta promptement la chape volée au
prieur de l'Acul sur son dos et sa poitrine nue, ouvrit auprès du tabernacle le missel à fermoirs d'argent sur lequel
avaient été lues les prières de mon fatal mariage, et, se
tournant vers Biassou, dont le siége était à quelques pas
de l'autel, annonça par une salutation profonde qu'il était
prêt. Sur-le-champ, à un signe du chef, les rideaux de
katchmir furent tirés et nous découvrirent toute l'armée
noire rangée en carrés épais devant l'ouverture de la grotte.
Biassou ôta son chapeau rond et s'agenouilla devant l'autel. — A genoux! cria-t-il d'une voix forte. — A genoux!
répétèrent les chefs de chaque bataillon. Un roulement de
tambours se fit entendre. Toutes les hordes étaient age-
nouillées. Seul, j'étais resté immobile sur mon siége, ré-

(1) Patois créole. **Bon père.**

volté de l'horrible profanation qui allait se commettre sous
mes yeux; mais les deux vigoureux mulâtres qui me gardaient dérobèrent mon siége sous moi, me poussèrent rudement par les épaules, et je tombai à genoux comme les
autres, contraint de rendre un simulacre de respect à ce
simulacre de culte. L'obi officia gravement. Les deux petits pages blancs de Biassou faisaient les offices de diacre
et de sous-diacre. La foule des rebelles, toujours proster-
née, assistait à la cérémonie avec un recueillement dont le
généralissime donnait le premier l'exemple. Au moment
de l'exaltation, l'obi, élevant entre ses mains l'hostie con-
sacrée, se tourna vers l'armée, et cria en jargon créole :
*Zoté coné bon Giu; ce li mo fé zoté voer. Blan touyé li,
touyé blan yo toute* (1)! A ces mots, prononcés d'une voix
forte, mais qu'il me semblait avoir déjà entendue quelque
part et en d'autres temps, toute la horde poussa un rugis-
sement; ils entrechoquèrent longtemps leurs armes, et il
ne fallut rien moins que la sauvegarde de Biassou pour empêcher que ce bruit sinistre ne sonnât ma dernière heure.
Je compris à quels excès de courage et d'atrocité pouvaient
se porter des hommes pour qui un poignard était une croix,
et sur l'esprit desquels toute impression est prompte et
profonde.

XXIX

La cérémonie terminée, l'obi se retourna vers Biassou
avec une révérence respectueuse. Alors le chef se leva, et,
s'adressant à moi, il me dit en français : — On nous ac-

---

(1) Vous connaissez le bon Dieu; c'est lui que je vous fais
voir. Les blancs l'ont tué; tuez tous les blancs. Depuis, Toussaint-
Louverture avait coutume d'adresser la même allocution aux nègres après avoir communié.

cuse de n'avoir pas de religion, tu vois que c'est une calomnie, et que nous sommes bons catholiques. Je ne sais
s'il parlait ironiquement ou de bonne foi. Un moment
après, il se fit apporter un vase de verre, plein de grains de
maïs noir, il y jeta quelques grains de maïs blanc; puis,
élevant le vase au-dessus de sa tête, pour qu'il fût mieux
vu de toute son armée : — Frères, vous êtes le maïs noir,
les blancs vos ennemis sont le maïs blanc! A ces paroles,
il remua le vase, et quand presque tous les grains blancs eurent disparu sous les noirs, il s'écria d'un air d'inspiration et
de triomphe : *Guetté blan ci la la* (1)! Une nouvelle acclamation, répétée par tous les échos des montagnes, accueillit la parabole du chef. Biassou continua en mêlant
fréquemment son méchant français de phrases créoles et
espagnoles : — *El tiempo de la mansuetud es pasado* (2).
Nous avons été longtemps patients comme les moutons
dont les blancs comparent la laine à nos cheveux; soyons
maintenant implacables comme les panthères et les jaguars
des pays d'où ils nous ont arrachés. La force peut seule
acquérir les droits : tout appartient à qui se montre fort et
sans pitié. Saint Loup a deux fêtes dans le calendrier gré-
gorien, l'Agneau pascal n'en a qu'une! N'est-il pas vrai,
monsieur le chapelain? L'obi s'inclina en signe d'adhésion.

— ... Ils sont venus, poursuivit Biassou, ils sont venus,
les ennemis de la régénération de l'humanité, ces blancs,
ces colons, ces planteurs, ces hommes de négoce, *verda-
deros demonios* vomis de la bouche d'Alecto! *Son veni-
dos con insolencia* (3); ils étaient couverts, les superbes,
d'armes, de panaches et d'habits magnifiques à l'œil, et
nous méprisaient parce que nous sommes noirs et nus. Ils
pensaient, dans leur orgueil, pouvoir nous disperser aussi

(1) Voyez ce que sont les blancs relativement à vous!
(2) Le temps de la mansuétude est passé.
(3) Ils sont venus avec insolence.

aisément que ces plumes de paon chassent les noirs es-
saims des moustiques et des maringouins!... En achevant
cette comparaison, il avait arraché des mains d'un esclave
blanc un des éventails qu'il faisait porter derrière lui, et
l'agitait sur sa tête avec mille gestes véhéments. Il reprit :
— ... Mais, ô mes frères ! notre armée a fondu sur la leur
comme les bigailles sur un cadavre; ils sont tombés avec
leurs beaux uniformes sous les coups de ces bras nus qu'ils
croyaient sans vigueur, ignorant que le bon bois est plus
dur quand il est dépouillé d'écorce. Ils tremblent maintenant, ces tyrans exécrés ! *yo gagné peur* (1) !

Un hurlement de joie et de triomphe répondit à ce cri
du chef, et toutes les hordes répétèrent longtemps : *Yo
gagné peur !* — ... Noirs, créoles et congos, ajouta Biassou, vengeance et liberté! Sang-mêlés, ne vous laissez pas
attiédir par les séductions *de los diabolos blancos*. Vos
pères sont dans leurs rangs, mais vos mères sont dans les
nôtres. Au reste, *o hermanos de mi alma* (2)! ils ne vous
ont jamais traités en pères, mais bien en maitres : vous
étiez esclaves comme les noirs. Pendant qu'une misérable
pagne couvrait à peine vos flancs brûlés par le soleil; vos
barbares pères se pavanaient sous de *buenos sombreros*, et
portaient des vestes de nankin les jours de travail, et les
jours de fête des habits de bouracan ou de velours, *a diez
y siete quartos la vara* (3). Maudissez ces êtres dénaturés.
Mais, comme les saints commandements du *bon Giu* le dé-
fendent, ne frappez pas vous-même votre propre père. Si
vous le rencontrez dans les rangs ennemis, qui vous empê-
che, *amigos*, de vous dire l'un à l'autre : « *Touyé papa*

(1) Jargon créole. Ils ont peur.

(2) O frères de mon âme.

(3) A dix-sept *quartos* la *vara* (mesure espagnole qui équivaut
à peu près à l'aune).

moé, ma touyé quena toué (1)! » Vengeance, gens du roi !
Liberté à tous les hommes ! Ce cri a son écho dans toutes
les îles : il est parti de *Quisqueya* (2), il réveille Tabago
et Cuba. C'est un chef des cent vingt-cinq nègres marrons
de la montagne Bleue, c'est un noir de la Jamaïque, Bouckmann, qui a levé l'étendard parmi nous. Une victoire a été
son premier acte de fraternité avec les noirs de Saint-Domingue. Suivons son glorieux exemple, la torche d'une main,
la hache de l'autre ! Point de grâce pour les blancs, pour les
planteurs ! Massacrons leurs familles, dévastons leurs plantations, ne laissons point dans leurs domaines un arbre qui
n'ait la racine en haut. Bouleversons la terre pour qu'elle en-
gloutisse les blancs ! Courage donc, amis et frères ! nous irons
bientôt combattre et exterminer. Nous triompherons ou
nous mourrons. Vainqueurs, nous jouirons à notre tour de
toutes les joies de la vie ; morts, nous irons dans le ciel,
où les saints nous attendent, dans le paradis, où chaque
brave recevra une double mesure d'*aguardiente* (3) et une
piastre-gourde par jour !

Cette sorte de sermon soldatesque, qui ne vous semble
que ridicule, messieurs, produisit sur les rebelles un effet
prodigieux. Il est vrai que la pantomime extraordinaire de
Biassou, l'accent inspiré de sa voix, le ricanement étrange
qui entrecoupait ses paroles, donnaient à sa harangue je
ne sais quelle puissance de prestige et de fascination. L'art
avec lequel il entremêlait sa déclaration de détails faits
pour flatter la passion ou l'intérêt des révoltés ajoutait un
degré de force à cette éloquence, appropriée à cet audi-

---

(1) *Tue mon père, je tuerai le tien.* On a entendu en effet des
mulâtres, capitulant en quelque sorte avec le parricide, prononcer ces exécrables paroles.

(2) Ancien nom de Saint-Domingue, qui signifie *Grande-Terre.*
Les indigènes l'appelaient aussi *Aïty.*

(3) Eau-de-vie.

toire. Je n'essayerai donc pas de vous décrire quel sombre
enthousiasme se manifesta dans l'armée insurgée après l'allocution de Biassou. Ce fut un concert discordant de cris,
de plaintes, de hurlements. Les uns se frappaient la poitrine, les autres heurtaient leurs massues et leurs sabres.
Plusieurs, à genoux ou prosternés, conservaient l'attitude
d'une immobile extase. Des négresses se déchiraient les
seins et les bras avec les arêtes de poisson dont elles se
servent en guise de peigne pour démêler leurs cheveux.
Les guitares, les tamtams, les tambours, les balafos, mêlaient leur bruit aux décharges de mousqueterie. C'était
quelque chose d'un sabbat. Biassou fit un signe de la main :
le tumulte cessa comme par un prodige ; chaque nègre reprit son rang en silence. Cette discipline, à laquelle Biassou avait plié ses égaux, par le simple ascendant de la
pensée et de la volonté, me frappa, pour ainsi dire, d'admiration. Tous les soldats de cette armée de rebelles paraissaient parler et se mouvoir sous la main du chef, comme
les touches du clavecin sous les doigts du musicien.

XXX

Un autre spectacle, un autre genre de charlatanisme et
de fascination, excita alors mon attention : c'était le pansement des blessés. L'obi, qui remplissait dans l'armée les
doubles fonctions de médecin de l'âme et de médecin du
corps, avait commencé l'inspection des malades. Il avait
dépouillé ses ornements sacerdotaux, et avait fait apporter
auprès de lui une grande caisse à compartiments, dans laquelle étaient ses drogues et ses instruments. Il usait fort
rarement de ses outils chirurgicaux, et, excepté une lan-
cette en arête de poisson avec laquelle il pratiquait fort
adroitement une saignée, il me paraissait assez gauche

dans le maniement de la tenaille qui lui servait de pince
et du couteau qui lui tenait lieu de bistouri. Il se bornait,
la plupart du temps, à prescrire des tisanes d'orange des
bois, des breuvages de squine et de salsepareille, et quelques gorgées de vieux tafia. Son remède favori, et qu'il disait souverain, se composait de trois verres de vin rouge,
où il mêlait la poudre d'une noix muscade et d'un jaune
d'œuf bien cuits sous la cendre. Il employait ce spécifique
pour guérir toute espèce de plaie ou de maladie. Vous con-
cevez aisément que cette médecine était aussi dérisoire que
le culte dont il se faisait le ministre; et il est probable que
le petit nombre de cures qu'elle opérait par hasard n'eût
point suffi pour conserver à l'obi la confiance des noirs, s'il
n'eût joint des jongleries à ses drogues et s'il n'eût cherché
à agir d'autant plus sur l'imagination des nègres qu'il agissait moins sur leurs maux. Ainsi, tantôt il se bornait à
toucher leurs blessures en faisant quelques signes mysti-
ques; d'autres fois, usant habilement de ce reste d'anciennes superstitions qu'ils mêlaient à leur catholicisme de
fraîche date, il mettait dans les plaies une petite pierre fé-
tiche enveloppée de charpie, et le malade attribuait à la
pierre les bienfaisants effets de la charpie. Si l'on venait
lui annoncer que tel blessé, soigné par lui, était mort de
sa blessure, et peut-être de son pansement : — Je l'avais
prévu, répondait-il d'une voix solennelle. C'était un trai-
tre : dans l'incendie de telle habitation, il avait sauvé un
blanc. Sa mort est un châtiment! — Et la foule de rebelles
ébahis applaudissait, de plus en plus ulcérée dans ses sentiments de haine et de vengeance. Le charlatan employa,
entre autres, un moyen de guérison dont la singularité me
frappa. C'était pour un des chefs noirs, assez dangereusement blessé dans le dernier combat. Il examina longtemps
la plaie, la pansa de son mieux, puis, montant à l'autel :
— Tout cela n'est rien, dit-il. Alors il déchira trois ou

quatre feuillets du missel, les brûla à la flamme des flam-
beaux dérobés à l'église de l'Acul, et, mêlant la cendre de
ce papier consacré à quelques gouttes de vin versées dans
le calice : Buvez, dit-il au blessé, ceci est la guérison (1).
— L'autre but stupidement, fixant des yeux pleins de confiance sur le jongleur, qui avait les mains levées sur lui,
comme pour appeler les bénédictions du ciel; et peut-être
la conviction qu'il était guéri contribua-t-elle à le guérir.

XXXI

Une autre scène, dont l'obi voilé était encore le princi-
pal acteur, succéda à celle-ci : le médecin avait remplacé
le prêtre, le sorcier remplaça le médecin. — *Hombres,
escuchate* (2)! s'écria l'obi, sautant avec une incroyable
agilité sur l'autel improvisé, où il tomba assis, les jambes
repliées dans son jupon bariolé; *escuchate, hombres!* Que
ceux qui voudront lire au livre du destin le mot de leur
vie s'approchent, je leur dirai : *Hé estudiado la ciencia
de los Gitanos* (3). Une foule de noirs et de mulâtres s'a-
vancèrent précipitamment. — L'un après l'autre! dit l'obi,
dont la voix sourde et intérieure reprenait quelquefois cet
accent criard qui me frappait comme un souvenir; si vous
venez tous ensemble, vous entrerez tous ensemble au tom-

(1) Ce remède est encore assez fréquemment pratiqué en Afrique, notamment par les Maures de Tripoli, qui jettent souvent
dans leurs breuvages la cendre d'une page du livre de Mahomet;
cela compose un philtre auquel ils attribuent des vertus souveraines. Un voyageur anglais, je ne sais plus lequel, appelle ce
breuvage *une infusion d'Alcoran*.

(2) Hommes, écoutez! Le sens que les Espagnols attachent au
mot *hombre*, dans ce cas, ne peut se traduire. C'est plus qu'*homme*,
et moins qu'*ami*.

(3) J'ai étudié la science des Egyptiens.

beau. — Ils s'arrêtèrent. En ce moment, un homme de couleur, vêtu d'une veste et d'un pantalon blancs, coiffé d'un madras, à la manière des riches colons, arriva près de Biassou. La consternation était peinte sur sa figure. — Eh bien! dit le *généralissime* à voix basse, qu'est-ce, qu'avez-vous, Rigaud? — C'était le chef mulâtre du rassemblement des Cayes, depuis connu sous le nom de *général Rigaud*, homme rusé sous des dehors candides, cruel sous un air de douceur. Je l'examinai avec attention. — Général, répondit Rigaud (et il parlait très-bas; mais j'étais placé près de Biassou, et j'entendais), il y a là, aux limites du camp, un émissaire de Jean-François. Bouckmann vient d'être tué dans un engagement avec monsieur de Touzard, et les blancs ont dû exposer sa tête comme un trophée dans leur ville. — N'est-ce que cela? dit Biassou; et ses yeux brillaient de la secrète joie de voir diminuer le nombre des chefs, et, par conséquent, croître son importance. — L'émissaire de Jean-François a en outre un message à vous remettre. — C'est bon, reprit Biassou. Quittez cette mine de déterré, mon cher Rigaud. — Mais, objecta Rigaud, ne craignez-vous pas, général, l'effet de la mort de Bouckmann sur votre armée? — Vous n'êtes pas si simple que vous le paraissez, Rigaud, répliqua le chef; vous allez juger Biassou. Faites retarder seulement d'un quart d'heure l'admission du messager.

Alors il s'approcha de l'obi, qui, durant ce dialogue, entendu de moi seul, avait commencé son office de devin, interrogeant les nègres émerveillés, examinant les signes de leurs fronts et de leurs mains, et leur distribuant plus ou moins de bonheur à venir, suivant le son, la couleur et la grosseur de la pièce de monnaie jetée par chaque nègre à ses pieds dans une patène d'argent doré. Biassou lui dit quelques mots à l'oreille. Le sorcier, sans s'interrompre, continua ses opérations métoposcopiques.

« Celui, disait-il, qui porte au milieu du front, sur la
« ride du soleil, une petite figure carrée ou un triangle,
« fera une grande fortune sans peine et sans travaux.

« La figure de trois *S* rapprochés, en quelque endroit
« du front qu'ils se trouvent, est un signe bien funeste :
« celui qui porte ce signe se noiera infailliblement, s'il n'é-
« vite l'eau avec le plus grand soin.

« Quatre lignes partant du nez, et se recourbant deux à
« deux sur le front, au-dessus des yeux, annoncent qu'on
« sera un jour prisonnnier de guerre et qu'on gémira
« captif aux mains de l'étranger. »

Ici l'obi fit une pause. — Compagnons, ajouta-t-il gravement, j'avais observé ce signe sur le front de Bug-Jargal,
chef des braves du Morne-Rouge.

Ces paroles, qui me confirmaient encore la prise de Bug-
Jargal, furent suivies des lamentations d'une horde qui ne
se composait que de noirs, et dont les chefs portaient des
caleçons écarlates : c'était la bande du Morne-Rouge. Cependant l'obi recommençait : « Si vous avez dans la partie
« droite du front, sur la ligne de la lune, quelque figure
« qui ressemble à une fourche, craignez de demeurer oisif
« ou de trop rechercher la débauche.

« Un petit signe bien important, la figure arabe du
« chiffre 3, sur la ligne du soleil, présage des coups de
« bâton... »

Un vieux nègre espagnol-dominguois interrompit le sorcier. Il se traînait vers lui en implorant un pansement. Il
avait été blessé au front, et l'un de ses yeux, arraché de son
orbite, pendait tout sanglant. L'obi l'avait oublié dans sa
revue médicale. Au moment où il l'aperçut, il s'écria :
« Des figures rondes dans la partie droite du front, sur la
« ligne de la lune, annoncent des maladies aux yeux. » —
Hombre! dit-il au misérable blessé, ce signe est bien ap-
parent sur ton front, voyons ta main. — *Alas! exelentis-*

simo senor, repartit l'autre, *mir'usted mi ojo* (1)! — Fatras (2), répliqua l'obi avec humeur, j'ai bien besoin de voir ton œil... ta main, te dis-je !

Le malheureux livra sa main en murmurant toujours : *Mi ojo !* — Bon ! dit le sorcier. « Si l'on trouve sur la ligne « de vie un point entouré d'un petit cercle, on sera bor- « gne, parce que cette figure annonce la perte d'un œil. » C'est cela, voici le point et le petit cercle, tu seras borgne. — *Ya le soy* (3), répondit le fatras en gémissant pitoyablement. Mais l'obi, qui n'était plus chirurgien, l'avait repoussé rudement et poursuivait sans se soucier de la plainte du pauvre borgne. — *Escuchate, hombres !* « Si « les sept lignes du front sont petites, tortueuses, faible- « ment marquées, elles annoncent un homme dont la vie « sera courte.

« Celui qui aura entre les deux sourcils, sur la ligne de «.la lune, la figure de deux flèches croisées, mourra dans « une bataille.

« Si la ligne de vie qui traverse la main présente une « croix à son extrémité près de la jointure, elle présage « qu'on paraîtra sur l'échafaud... » Et ici, reprit l'obi, je dois vous le dire, *hermanos*, l'un des plus braves appuis de l'indépendance, Bouckmann, porte ces trois signes funestes.

A ces mots, tous les nègres retinrent leur haleine : leurs yeux immobiles, attachés sur le jongleur, exprimaient cette sorte d'attention qui ressemble à la stupeur. — Seulement, ajouta l'obi, je ne puis accorder ce double signe qui menace à la fois Bouckmann d'une bataille et d'un échafaud. Pourtant, mon art est infaillible.

Il s'arrêta et échangea un regard avec Biassou. Biassou

(1) Hélas ! très-excellent seigneur, regardez mon œil.
(2) Nom sous lequel on désignait un vieux nègre hors de service.
(3) Je le suis déjà.

dit quelques mots à l'oreille d'un de ses aides de camp,
qui sortit sur-le-champ de la grotte. « Une bouche béante
« et fanée, » reprit l'obi, se retournant vers son auditoire
avec son accent malicieux et goguenard, « une attitude
« insipide, les bras pendants, et la main gauche tournée
« en dehors sans qu'on en devine le motif, annoncent la
« stupidité naturelle, la nullité, le vide, une curiosité hé-
« bétée. »

Biassou ricanait. — En cet instant l'aide de camp revint; il amenait un nègre couvert de fange et de poussière,
dont les pieds, déchirés par les ronces et les cailloux,
prouvaient qu'il avait fait une longue course. C'était le
messager annoncé par Rigaud. Il tenait d'une main un
paquet cacheté, de l'autre un parchemin déployé qui portait un sceau dont l'empreinte figurait un cœur enflammé.
Au milieu était un chiffre formé de lettres caractéristiques
M et *N* entrelacées, pour désigner sans doute la réunion des
mulâtres libres et des nègres esclaves. A côté de ce chiffre,
je lus cette légende : « Le préjugé vaincu, la verge de fer
brisée; *vive le roi !* » Ce parchemin était un passe-port délivré par Jean-François. L'émissaire le présenta à Biassou,
et, après s'être incliné jusqu'à terre, lui remit le papier
cacheté. Le généralissime l'ouvrit vivement, parcourut les
dépêches qu'il renfermait, en mit une dans la poche de sa
veste, et, froissant l'autre dans ses mains, s'écria d'un air
désolé : — Gens du roi !... Les nègres saluèrent profondément. — Gens du roi ! voilà ce que mande à Jean Biassou,
généralissime des pays conquis, maréchal des camps et armées de Sa Majesté catholique, Jean-François, grand amiral de France, lieutenant général des armées de Sadite
Majesté, le roi des Espagnes et des Indes :

« Bouckmann, chef des cent vingt noirs de la montagne
« Bleue, à la Jamaïque, reconnus indépendants par le gou-
« verneur général de Belle-Combe, Bouckmann vient de

« succomber dans la glorieuse lutte de la liberté et de l'hu-
« manité contre le despotisme de la barbarie. Ce généreux
« chef a été tué dans un engagement avec les brigands
« blancs de l'infâme Touzard. Les monstres ont coupé sa
« tête, et ont annoncé qu'ils allaient l'exposer ignominieu-
« sement sur un échafaud dans la place d'armes de leur
« ville du Cap. — Vengeance! »

Le sombre silence du découragement succéda un moment dans l'armée à cette lecture. Mais l'obi s'était dressé
debout sur l'autel, et il s'écriait en agitant sa baguette
blanche avec des gestes triomphants : — Salomon, Zoro-
babel, Eléazar Thaleb, Cardan, Judas Bowtharicht, Aver-
roës, Albert le Grand, Bohabdil, Jean de Hagen, Anna Baratro, Daniel Ogrumof, Rachel Flintz, Altornino! je vous
rends grâces. La *ciencia* des voyants ne m'a pas trompé.
*Hijos, amigos, hermanos, muchachos, mozos, madres, y
vosotros todos qui me escuchais aqui* (1), qu'avais-je prédit? *¿qué habia dicho?* Les signes du front de Bouckmann
m'avaient annoncé qu'il vivrait peu, et qu'il mourrait dans
un combat; les lignes de sa main, qu'il paraîtrait sur un
échafaud. Les révélations de mon art se réalisent fidèle-
ment, et les événements s'arrangent d'eux-mêmes pour
exécuter jusqu'aux circonstances que nous ne pouvions
concilier, la mort sur le champ de bataille et l'échafaud!
Frères, admirez!

Le découragement des noirs s'était changé, durant ce
discours, en une sorte d'effroi merveilleux. Ils écoutaient
l'obi avec une confiance mêlée de terreur ; celui-ci, enivré
de lui-même, se promenait de long en large sur la caisse
de sucre, dont la surface offrait assez d'espace pour que
ses petits pas pussent s'y déployer fort à l'aise. Biassou ricanait. Il adressa la parole à l'obi. — Monsieur le chape-

(1) Fils, amis, frères, garçons, enfants, mères, et vous tous
qui m'écoutez ici.

lain, puisque vous savez les choses à venir, il nous plai‑
rait que vous voulussiez bien lire ce qu'il adviendra de
notre fortune, à nous Jean Biassou, *mariscal de campo.*

L'obi, s'arrêtant fièrement sur l'autel grotesque où la
crédulité des noirs le divinisait, dit au *mariscal de campo:*
Venga vuestra merced (1)! En ce moment l'obi était
l'homme important de l'armée. Le pouvoir militaire céda
devant le pouvoir sacerdotal. Biassou s'approcha. On lisait
dans ses yeux quelque dépit. — Votre main, général, dit
l'obi en se baissant pour la saisir. *Empezo* (2)! — La *li‑
gne de la jointure*, également marquée dans toute sa lon‑
gueur, vous promet des richesses et du bonheur. — La
ligne de vie, longue, marquée, vous présage une vie
exempte de maux, une verte vieillesse; étroite, elle dési‑
gne votre sagesse, votre esprit ingénieux, la *generosidad*
de votre cœur; enfin, j'y vois ce que les *chiromancos* ap‑
pellent le plus heureux de tous les signes, une foule de
petites rides qui lui donnent la forme d'un arbre chargé de
rameaux et qui s'élèvent vers le haut de la main; c'est le
pronostic assuré de l'opulence et des grandeurs. — La *li‑
gne de santé*, très-longue, confirme les indices de la ligne
de vie; elle indique aussi le courage; recourbée vers le pe‑
tit doigt, elle forme une sorte de crochet. Général, c'est le
signe d'une sévérité utile. A ce mot, l'œil brillant du pe‑
tit obi se fixa sur moi à travers les ouvertures de son
voile, et je remarquai encore une fois un accent connu,
caché en quelque sorte sous la gravité habituelle de sa
voix. Il continuait avec la même intention de geste et d'in‑
tonation.

—... Chargée de petits cercles, la *ligne de santé* vous
annonce un grand nombre d'exécutions nécessaires que
vous devrez ordonner. Elle s'interrompt vers le milieu

(1) Vienne votre grâce !
(2) Je commence.

pour former un demi-cercle : signe que vous serez exposé à de grands périls avec les bêtes féroces, c'est-à-dire avec les blancs, si vous ne les exterminez. La *ligne de fortune*, entourée, comme la ligne de vie, de petits rameaux qui s'élèvent vers le haut de la main, confirme l'avenir de puissance et de suprématie auquel vous êtes appelé; droite et déliée dans sa partie supérieure, elle annonce le talent de gouverner. — La cinquième ligne, celle du *triangle*, prolongée jusque vers la racine du doigt du milieu, vous promet le plus heureux succès dans toute entreprise. — Voyons les doigts. — Le pouce, traversé dans sa longueur de petites lignes qui vont de l'ongle à la jointure, vous promet un grand héritage : celui de la gloire de Bouckmann sans doute! ajouta l'obi d'une voix haute. — La petite éminence qui forme la racine de l'index est chargée de petites rides doucement marquées : honneurs et dignités! — Le doigt du milieu n'annonce rien. — Votre doigt annulaire est sillonné de lignes croisées les unes sur les autres : vous vaincrez tous vos ennemis, vous dominerez tous vos rivaux! Ces lignes forment des croix de Saint-André : signe de génie et de croyance! — La jointure qui unit le petit doigt à la main offre des rides tortueuses : la fortune vous comblera de faveurs. J'y vois encore la figure d'un cercle : présage à ajouter aux autres, qui vous annonce puissance et dignités!

« Heureux, dit Eléazar Thaleb, celui qui porte tous ces « signes! le destin est chargé de sa prospérité, et son étoile « lui amènera le génie qui donne la gloire. » — Maintenant, général, laissez-moi interroger votre front. — « Ce- « lui, dit Rachel Flintz la bohémienne, qui porte au mi- « lieu du front sur la ride du soleil une petite figure carrée « ou un triangle, fera une grande fortune... » La voici, bien prononcée. « Si ce signe est à droite, il promet une « importante succession... » Toujours celle de Bouck-

mann! « Le signe d'un fer à cheval entre les deux sour-
« cils, au-dessus de la ride de la lune, annonce qu'on saura
« se venger de l'injure et de la tyrannie. » Je porte ce signe; vous le portez aussi...

La manière dont l'obi prononça les mots, *je porte ce signe*, me frappa encore. — On le remarque, ajouta-t-il du
même ton, chez les braves qui savent méditer une révolte
courageuse et briser la servitude dans un combat. La griffe
de lion que vous avez empreinte au-dessous du sourcil
prouve votre brillant courage. Enfin, général Jean Biassou,
votre front présente le plus éclatant de tous les signes de
prospérité : c'est une combinaison de lignes qui forment
la lettre *M*, la première du nom de la Vierge. En quelque
partie du front, sur quelque ride que cette figure paraisse,
elle annonce le génie, la gloire et la puissance. Celui qui
la porte fera toujours triompher la cause qu'il embrassera;
ceux dont il sera le chef n'auront jamais à regretter aucune perte : il vaudra à lui seul tous les défenseurs de son
parti. Vous êtes cet élu du destin! — *Gratias*, monsieur
le chapelain, dit Biassou, se préparant à retourner à son
trône d'acajou. — Attendez, général, reprit l'obi, j'oubliais
encore un signe. La ligne du soleil, fortement prononcée
sur votre front, prouve du savoir-vivre, le désir de faire
des heureux, beaucoup de libéralité, et un penchant à la
magnificence.

Biassou parut comprendre que l'oubli venait plutôt de sa
part que de celle de l'obi. Il tira de sa poche une bourse
assez lourde et la jeta dans le plat d'argent, pour ne pas
faire mentir la *ligne du soleil*. Cependant l'éblouissant horoscope du chef avait produit son effet dans l'armée. Tous
les rebelles, sur lesquels la parole de l'obi était devenue
plus puissante que jamais depuis les nouvelles de la mort
de Bouckmann, passèrent du découragement à l'enthousiasme, et, se confiant aveuglément à leur sorcier infailli-

ble et à leur général prédestiné, se mirent à hurler à l'envi : *Vive l'obi! vive Biassou!* L'obi et Biassou se regardèrent, et je crus entendre le rire étouffé de l'obi répondant au ricanement du généralissime. Je ne sais pourquoi cet obi tourmentait ma pensée; il me semblait que j'avais déjà vu ou entendu ailleurs quelque chose qui ressemblait à cet être singulier. Je voulus le faire parler. — Monsieur l'obi, *señor cura*, *doctor médico*, monsieur le chapelain, *bon per!* lui dis-je. Il se retourna brusquement. — Il y a encore ici quelqu'un dont vous n'avez point tiré l'horoscope : c'est moi. Il croisa ses bras sur le soleil d'argent qui couvrait sa poitrine velue, et ne me répondit pas. Je repris : — Je voudrais bien savoir ce que vous augurez de mon avenir; mais vos honnêtes camarades m'ont enlevé ma montre et ma bourse, et vous n'êtes pas sorcier à prophétiser *gratis*.

Il s'avança précipitamment jusqu'auprès de moi, et me dit sourdement à l'oreille : — Tu te trompes! Voyons ta main. Je la lui présentai en le regardant en face. Ses yeux étincelaient; il parut examiner ma main.

— « Si la ligne de vie, me dit-il, est coupée vers le mi-« lieu par deux petites lignes transversales et bien appa-« rentes, c'est le signe d'une mort prochaine. » Ta mort est prochaine!

« Si la ligne de santé ne se trouve pas au milieu de la « main, et qu'il n'y ait que la ligne de vie et la ligne de « fortune réunies à leur origine de manière à former un « angle, on ne doit pas s'attendre, avec ce signe, à une « mort naturelle... » Ne t'attends point à une mort naturelle!

« Si le dessous de l'index est traversé d'une ligne dans « toute sa longueur, on mourra de mort violente... » Entends-tu? prépare-toi à une mort violente!

Il y avait quelque chose de joyeux dans cette voix sépul-

crale qui annonçait la mort; je l'écoutai avec indifférence
et mépris. — Sorcier, lui dis-je avec un sourire de dédain,
tu es habile, tu pronostiques à coup sûr. Il se rapprocha
encore de moi. — Tu doutes de ma science! eh bien!
écoute encore : « La rupture de la ligne du soleil sur ton
« front m'annonce que tu prends un ennemi pour un ami,
« et un ami pour un ennemi... »

Le sens de ces paroles semblait concerner ce perfide
Pierrot, que j'aimais et qui m'avait trahi, ce fidèle Habibrah, que je haïssais, et dont les vêtements ensanglantés
attestaient la mort courageuse et dévouée. — Que veux-tu
dire? m'écriai-je... — Ecoute jusqu'au bout, poursuivit
l'obi. Je t'ai dit de l'avenir, voici du passé : « La ligne de
« la lune est légèrement courbée sur ton front;... » cela
signifie que ta femme t'a été enlevée... Je tressaillis; je
voulais m'élancer de mon siége; mes gardiens me retinrent. —Tu n'es pas patient, reprit le sorcier; écoute donc jusqu'à la fin. « La petite croix qui coupe l'extrémité de cette
« courbure complète l'éclaircissement. » Ta femme t'a été
enlevée la nuit même de tes noces... — Misérable, m'é-
criai-je, tu sais où elle est! Qui es-tu? — Je tentai encore
de me délivrer et de lui arracher son voile; mais il fallut
céder au nombre et à la force, et je vis avec rage le mystérieux obi s'éloigner en me disant : — Me crois-tu maintenant? Prépare-toi à ta mort prochaine!

XXXII

Il fallut, pour me distraire un moment des perplexités
où m'avait jeté cette scène étrange, le nouveau drame qui
succéda sous mes yeux à la comédie ridicule que Biassou
et l'obi venaient de jouer devant leur bande ébahie.

Biassou s'était replacé sur son siége d'acajou, l'obi s'était

assis à sa droite, Rigaud à sa gauche, sur les deux carreaux
qui accompagnaient le trône du chef. L'obi, les bras croisés
sur la poitrine, paraissait absorbé dans une profonde con-
templation; Biassou et Rigaud mâchaient du tabac, et un
aide de camp était venu demander au *mariscal de campo*
s'il fallait faire défiler l'armée, quand trois groupes tumul-
tueux de noirs arrivèrent ensemble à l'entrée de la grotte
avec des clameurs furieuses. Chacun de ces attroupements
amenait un prisonnier qu'ils voulaient remettre à la disposition de Biassou, moins pour savoir s'il lui conviendrait
de leur faire grâce, que pour connaître son bon plaisir sur
le genre de mort que les malheureux devaient endurer.
Leurs cris sinistres ne l'annonçaient que trop : — Mort!
mort! *Muerte! muerte!* — *Death! death!* criaient quelques nègres anglais, sans doute de la horde de Bouckmann,
qui étaient déjà venus rejoindre les noirs espagnols et français de Biassou. Le *mariscal de campo* leur imposa silence d'un signe de main, et fit avancer les trois captifs
sur le seuil de la grotte. J'en reconnus deux avec surprise;
l'un était ce *citoyen-général* C***, ce philanthrope corres-
pondant de tous les négrophiles du globe, qui avait émis
un avis si cruel pour les esclaves dans le conseil, chez le
gouverneur; l'autre était le planteur équivoque qui avait
tant de répugnance pour les mulâtres, au nombre desquels
les blancs le comptaient. Le troisième paraissait appartenir à la classe des *petits blancs;* il portait un tablier de
cuir, et avait les manches retroussées au-dessus du coude.
Tous trois avaient été surpris séparément, cherchant à se
cacher dans les montagnes. Le petit blanc fut interrogé le
premier. — Qui es-tu, toi? lui dit Biassou. — Je suis Jacques Belin, charpentier de l'hôpital des Pères, au Cap. Une
surprise mêlée de honte se peignit dans les yeux du *généralissime des pays conquis.* — Jacques Belin! dit-il en se
mordant les lèvres. — Oui, reprit le charpentier; est-ce

que tu ne me reconnais pas? — Commence, toi, dit le *mariscal de campo*, par me reconnaître et me saluer. — Je ne salue pas mon esclave! répondit le charpentier. — Ton esclave, misérable! s'écria le *généralissime*. — Oui, répliqua le charpentier, oui, je suis ton premier maître. Tu feins de me méconnaître; mais souviens-toi, Jean Biassou, je t'ai vendu treize piastres-gourdes à un marchand dominguois. Un violent dépit contracta tous les traits de Biassou. — Eh quoi! poursuivit le petit blanc, tu parais honteux de m'avoir servi! Est-ce que Jean Biassou ne doit pas s'honorer d'avoir appartenu à Jacques Belin? Ta propre mère, la vieille folle! a bien souvent balayé mon échoppe; mais à présent je l'ai vendue à monsieur le majordome de l'hôpital des Pères; elle est si décrépite, qu'il ne m'en a voulu donner que trente-deux livres, et six sous pour l'appoint. Voilà cependant ton histoire et la sienne; mais il paraît que vous êtes devenus fiers, vous autres nègres et mulâtres, et que tu as oublié le temps où tu servais, à genoux, maître Jacques Belin, charpentier au Cap. Biassou l'avait écouté avec ce ricanement féroce qui lui donnait l'air d'un tigre. — Bien! dit-il. Alors il se tourna vers les nègres qui avaient amené maître Belin : — Emportez deux chevalets, deux planches et une scie, et emmenez cet homme. — Jacques Belin, charpentier au Cap, remercie-moi, je te procure une mort de charpentier. Son rire acheva d'expliquer de quel horrible supplice allait être puni l'orgueil de son ancien maître. Je frissonnai; mais Jacques Belin ne fronça pas le sourcil; il se tourna fièrement vers Biassou : — Oui, dit-il, je dois te remercier, car je t'ai vendu pour le prix de treize piastres, et tu m'as rapporté certainement plus que tu ne vaux. On l'entraîna.

XXXIII

Les deux autres prisonniers avaient assisté plus morts
que vifs à ce prologue effrayant de leur propre tragédie.
Leur attitude humble et effrayée contrastait avec la fermeté
un peu fanfaronne du charpentier : ils tremblaient de tous
leurs membres. Biassou les considéra l'un après l'autre
avec son air de renard; puis, se plaisant à prolonger leur
agonie, il entama avec Rigaud une conversation sur les différentes espèces de tabac, affirmant que le tabac de la Ha-
vane n'était bon qu'à fumer en cigares, et qu'il ne connaissait pas pour priser de meilleur tabac d'Espagne que
celui dont feu Bouckmann lui avait envoyé deux barils,
pris chez monsieur Lebattu, propriétaire de l'île de la Tortue. Puis, s'adressant brusquement au citoyen général C*** :
— Qu'en penses-tu? lui dit-il.

Cette apostrophe inattendue fit chanceler le citoyen. Il
répondit en balbutiant : — Je m'en rapporte, général, à
l'opinion de Votre Excellence... — Propos de flatteur! répliqua Biassou. Je te demande ton avis et non le mien.
Est-ce que tu connais un tabac meilleur à prendre en prise
que celui de monsieur Lebattu? — Non, vraiment, monseigneur, dit C***, dont le trouble amusait Biassou. — Général! excellence! monseigneur! reprit le chef d'un air impatienté; tu es un aristocrate! — Oh! vraiment non! s'écria
le citoyen-général; je suis bon patriote de 94 et fervent
négrophile... — Négrophile, interrompit le généralissime;
qu'est-ce que c'est qu'un négrophile?... — C'est un ami des
noirs, balbutia le citoyen. — Il ne suffit pas d'être ami des
noirs, repartit sévèrement Biassou, il faut l'être aussi des
hommes de couleur.

Je crois avoir dit que Biassou était sacatra. — Des hom-

mes de couleur, c'est ce que je voulais dire, répondit humblement le négrophile. Je suis lié avec tous les plus fameux
partisans des nègres et des mulâtres...

Biassou, heureux d'humilier un blanc, l'interrompit encore : — *Nègres* et *mulâtres !* qu'est-ce que cela veut dire ?
Viens-tu ici nous insulter avec ces noms odieux, inventés
par le mépris des blancs ? Il n'y a ici que des hommes de
couleur et des noirs, entendez-vous, monsieur le colon ? —
C'est une mauvaise habitude contractée dès l'enfance, reprit C***; pardonnez-moi, je n'ai point eu l'intention de
vous offenser, monseigneur...—Laisse là ton *monseigneur;*
je te répète que je n'aime point ces façons d'aristocrates.

C*** voulut encore s'excuser; il se mit à bégayer une
nouvelle explication : — Si vous me connaissiez, citoyen...
— Citoyen ! pour qui me prends-tu ? s'écria Biassou avec
colère. Je déteste ce jargon des jacobins. Est-ce que tu
serais un jacobin, par hasard ? songe que tu parles au généralissime des gens du roi ! *Citoyen!.....* l'insolent !

Le pauvre négrophile ne savait plus sur quel ton parler
à cet homme, qui repoussait également les titres de *monseigneur* et de *citoyen,* le langage des aristocrates et celui
des patriotes; il était atterré. Biassou, dont la colère n'était
que simulée, jouissait cruellement de son embarras. —
Hélas! dit enfin le citoyen-général, vous me jugez bien
mal, noble défenseur des droits imprescriptibles de la moitié du genre humain...

Dans l'embarras de donner une qualification quelconque
à ce chef qui paraissait les refuser toutes, il avait eu recours à l'une de ces périphrases sonores que les révolutionnaires substituent volontiers au nom et au titre de la
personne qu'ils haranguent.

Biassou le regarda fixement et lui dit : — Tu aimes donc
les noirs et les sang-mêlés? — Si je les aime! s'écria le citoyen C***; je corresponds avec Brissot et...

Biassou l'interrompit en ricanant. — Ah! ah! je suis charmé de voir en toi un ami de notre cause. En ce cas, tu dois détester les misérables colons qui ont puni notre juste insurrection par les plus cruels supplices; tu dois penser avec nous que ce ne sont pas les noirs, mais les blancs, qui sont les véritables rebelles, puisqu'ils se révoltent contre la nature et l'humanité : tu dois exécrer ces monstres! — Je les exécre! répondit C***. — Eh bien! poursuivit Biassou, que penserais-tu d'un homme qui aurait, pour étouffer les dernières tentatives des esclaves, planté cinquante têtes de noirs des deux côtés de l'avenue de son habitation?

La pâleur de C*** devint effrayante. — Que penserais-tu d'un blanc qui aurait proposé de ceindre la ville du Cap d'un cordon de têtes d'esclaves?... — Grâce! grâce! dit le citoyen-général terrifié. — Est-ce que je te menace? reprit froidement Biassou. Laisse-moi achever... D'un cordon de têtes qui environnât la ville du fort Picolet au cap Caracol! Que penserais-tu de cela, hein? réponds!

Le mot de Biassou, *Est-ce que je te menace?* avait rendu quelque espérance à C***; il songea que peut-être le chef savait ces horreurs sans en connaître l'auteur, et répondit avec quelque fermeté pour prévenir toute présomption qui lui fût contraire : — Je pense que ce sont des crimes atroces. Biassou ricanait. — Bon! Et quel châtiment infligerais-tu au coupable? Ici le malheureux C*** hésita. — Eh bien! reprit Biassou, es-tu l'ami des noirs ou non?

Des deux alternatives, le négrophile choisit la moins menaçante; et, ne remarquant rien d'hostile pour lui-même dans les yeux de Biassou, il dit d'une voix faible : — Le coupable mérite la mort. — Fort bien répondu, dit tranquillement Biassou en jetant le tabac qu'il mâchait.

Cependant son air d'indifférence avait rendu quelque assurance au pauvre négrophile; il fit un effort pour écarter tous les soupçons qui pouvaient peser sur lui :—Personne, s'écria-t-il, n'a fait de vœux plus ardents que les miens pour le triomphe de votre cause. Je corresponds avec Brissot et Pruneau de Pomme-Gouge, en France; Magaw, en Amérique; Peter Paulus, en Hollande, l'abbé Tamburini, en Italie..... Il continuait d'étaler complaisamment cette litanie philanthropique, qu'il récitait volontiers, et qu'il avait notamment débitée en d'autres circonstances et dans un autre but chez monsieur de Blanchelande, quand Biassou l'arrêta. — Eh! que me font à moi tous tes correspondants! Indique-moi seulement où sont tes magasins, tes dépôts : mon armée a besoin de munitions. Tes plantations sont sans doute riches, ta maison de commerce doit être forte, puisque tu corresponds avec tous les négociants du monde.

Le citoyen C*** hasarda une observation timide. — Héros de l'humanité, ce ne sont point des négociants, ce sont des philosophes, des philanthropes, des négrophiles. — Allons, dit Biassou en hochant la tête, le voilà revenu à ses diables de mots inintelligibles! Eh bien! si tu n'as ni dépôts ni magasins à piller, à quoi donc es-tu bon?

Cette question présentait une lueur d'espoir que C*** saisit avidement. — Illustre guerrier, répondit-il, avez-vous un économiste dans votre armée? — Qu'est-ce encore que cela? demanda le chef. — C'est, dit le prisonnier avec autant d'emphase que sa crainte le lui permettait, c'est un homme nécessaire par excellence, celui qui seul apprécie, suivant leurs valeurs respectives, les ressources matérielles d'un empire, qui les échelonne dans l'ordre de leur importance, les classe suivant leur valeur, les bonifie et les améliore en combinant leurs sources et leurs résultats, et les distribue à propos, comme autant de ruisseaux fécondateurs, dans le grand fleuve de l'utilité générale, qui vient grossir à son tour la mer de la prospérité publique. — *Caramba!* dit Biassou en se penchant vers l'obi. Que

diantre veut-il dire avec ses mots, enfilés les uns aux autres comme les grains de votre chapelet?

L'obi haussa les épaules en signe d'ignorance et de dédain. Cependant le citoyen C*** continuait : — … J'ai étudié, daignez m'entendre, vaillant chef des braves régénéra-
teurs de Saint-Domingue, j'ai étudié les grands économistes,
Turgot. Raynal et Mirabeau, l'ami des hommes! J'ai mis
leur théorie en pratique. Je sais la science indispensable
au gouvernement des royaumes et des Etats quelconques...
— L'économiste n'est pas économe de paroles! dit Rigaud
avec son sourire doux et goguenard.

Biassou s'était écrié : —Dis-moi donc, bavard! est-ce que
j'ai des royaumes et des Etats à gouverner? — Pas encore,
grand homme, repartit C***, mais cela peut venir; et d'ailleurs ma science descend, sans déroger, à des détails utiles
pour la gestion d'une armée. Le généralissime l'arrêta encore brusquement. — Je ne gère pas mon armée, monsieur le planteur, je la commande. — Fort bien, observa
le citoyen; vous serez le général, je serai l'intendant. J'ai
des connaissances spéciales pour la multiplication des bestiaux... — Crois-tu que nous élevons les bestiaux? dit
Biassou en ricanant : nous les mangeons. Quand le bétail
de la colonie française me manquera, je passerai les mornes de la frontière et j'irai prendre les bœufs et les moutons espagnols qu'on élève dans les hattes des grandes
plaines de Cotuy, de la Vega, de Saint-Jago et sur les bords
de la Yuna; j'irai encore chercher, s'il le faut, ceux qui
paissent dans la presqu'île de Samana et aux revers de la
montagne de Cibos, à partir des bouches du Neybe jusqu'au
delà de Santo-Domingo. D'ailleurs, je serai charmé de punir ces damnés planteurs espagnols; ce sont eux qui ont
livré Ogé! Tu vois que je ne suis pas embarrassé du défaut de vivres, et que je n'ai pas besoin de ta science *nécessaire par excellence!*

Cette vigoureuse déclaration déconcerta le pauvre économiste; il essaya pourtant encore une dernière planche
de salut. — Mes études ne se sont pas bornées à l'éducation du bétail. J'ai d'autres connaissances spéciales qui
peuvent vous être fort utiles. Je vous indiquerai les
moyens d'exploiter la braie et les mines de charbon de
terre. — Que m'importe! dit Biassou. Quand j'ai besoin de
charbon, je brûle trois lieues de forêts. — Je vous ensei-
gnerai à quel emploi est propre chaque espèce de bois,
poursuivit le prisonnier; le chicaron et le sabiecca pour
les quilles de navire: les yabas pour les courbes; les tocu-
mas (1) pour les membrures; les hacamas, les gaïacs, les
cèdres, les acomas... — *Que te lleven todos los demonios
de los diez y siete infiernos* (2)! s'écria Biassou impatienté.
— Plaît-il, mon gracieux patron? dit l'économiste tout
tremblant, et qui n'entendait pas l'espagnol. — Ecoute, reprit Biassou, je n'ai pas besoin de vaisseaux. Il n'y a qu'un
emploi vacant dans ma suite; ce n'est pas la place de
mayor-domo, c'est la place de valet de chambre. Vois, se-
ñor filosofo, si elle te convient. Tu me serviras à genoux;
tu m'apporteras la pipe, le calalou (3) et la soupe de tortue; et tu porteras derrière moi un éventail de plumes de
paon ou de perroquet, comme ces deux pages que tu vois.
Hum! réponds: veux-tu être mon valet de chambre?

Le citoyen C*** , qui ne songeait qu'à sauver sa vie, se
courba jusqu'à terre avec mille démonstrations de joie et
de reconnaissance. — Tu acceptes donc? demanda Biassou. — Pouvez-vous douter, mon généreux maître, que
j'hésite un moment devant une si insigne faveur que celle
de servir votre personne?

A cette réponse, le ricanement diabolique de Biassou de-

(1) Néfliers.
(2) Que puissent t'emporter tous les démons des dix-sept enfers.
(3) Ragoût créole.

vint éclatant. Il croisa les bras, se leva d'un air de triomphe, et, repoussant du pied la tête du blanc prosterné devant lui, il s'écria d'une voix haute : — J'étais bien aise
d'éprouver jusqu'où peut aller la lâcheté des blancs, après
avoir vu jusqu' où peut aller leur cruauté! Citoyen C***,
c'est à toi que je dois ce double exemple. Je te connais!
comment as-tu été assez stupide pour ne pas t'en apercevoir? C'est toi qui as présidé aux supplices de juin, de juillet et d'août; c'est toi qui as fait planter cinquante têtes
de noirs des deux côtés de ton avenue, en place de palmiers; c'est toi qui voulais égorger les cinq cents nègres
restés dans tes fers après la révolte, et ceindre la ville du
Cap d'un cordon de têtes d'esclaves, du fort Picolet à la
pointe de Caracol. Tu aurais fait, si tu l'avais pu, un trophée de ma tête : maintenant tu t'estimerais heureux que
je voulusse de toi pour valet de chambre. Non! non! j'ai
plus de soin de ton honneur que toi-même; je ne te ferai
pas cet affront. Prépare-toi à mourir !

Il fit un geste, et les noirs déposèrent auprès de moi
le malheureux négrophile, qui, sans pouvoir prononcer
une parole, était tombé à ses pieds comme foudroyé.

XXXIV

— A ton tour à présent! dit le chef en se tournant vers
le dernier des prisonniers, le colon soupçonné par les
blancs d'être sang-mêlé, et qui m'avait envoyé un cartel
pour cette injure. Une clameur générale des rebelles étouffa
la réponse du colon. — *Muerte! muerte!* Mort! *Death!*
Touyé! touyé! s'écriaient-ils en grinçant les dents et en
montrant les poings au malheureux captif.

— Général, dit un mulâtre qui s'exprimait plus clairement que les autres, c'est un blanc; il faut qu'il meure!

Le pauvre planteur, à force de gestes et de cris, parvint à faire entendre quelques paroles : — Non, non, monsieur le général! non, mes frères, je ne suis pas un blanc! C'est une abominable calomnie! Je suis un mulâtre, un sang-mêlé comme vous, fils d'une négresse comme vos mères et vos sœurs! — Il ment! disaient les nègres furieux. C'est un blanc. Il a toujours détesté les noirs et les hommes de couleur. — Jamais! reprenait le prisonnier. Ce sont les blancs que je déteste. Je suis un de vos frères. J'ai toujours dit avec vous : *Nègre cé blan, blan cé nègre* (1). — Point! point! criait la multitude : *touyé blan, touyé blan* (2)! Le malheureux répétait en se lamentant misérablement : — Je suis un mulâtre! je suis un des vôtres. — La preuve? dit froidement Biassou. — La preuve, répondit l'autre dans son égarement, c'est que les blancs m'ont toujours méprisé. — Cela peut être vrai, répliqua Biassou; mais tu es un insolent. Un jeune sang-mêlé adressa vivement la parole au colon. — Les blancs te méprisaient, c'est juste; mais, en revanche, tu affectais, toi, de mépriser les sang-mêlés, parmi lesquels ils te rangeaient. On m'a même dit que tu avais provoqué en duel un blanc qui t'avait un jour reproché d'appartenir à notre caste.

Une rumeur universelle s'éleva dans la foule indignée, et les cris de mort, plus violents que jamais, couvrirent la justification du colon, qui, jetant sur moi un regard oblique de désappointement et de prière, redisait en pleurant : — C'est une calomnie! Je n'ai point d'autre gloire et d'autre bonheur que d'appartenir aux noirs. Je suis un mulâtre. — Si tu étais un mulâtre en effet, observa Rigaud pai-

---

(1) Dicton populaire chez les nègres révoltés, dont voici la traduction littérale : « Les nègres sont les blancs, les blancs sont les nègres. » On rendrait mieux le sens en traduisant ainsi : *Les nègres sont les maîtres, les blancs sont les esclaves.*

(2) Tuez le blanc! tuez le blanc!

siblement, tu ne te servirais pas de ce mot (1). — Hélas!
sais-je ce que je dis? reprenait le misérable. Monsieur le
général en chef, la preuve que je suis sang-mêlé, c'est ce
cercle noir que vous pouvez voir autour de mes ongles (2).
Biassou repoussa cette main suppliante. — Je n'ai pas la
science de monsieur le chapelain, qui devine qui vous êtes
à l'inspection de votre main. Mais écoute : nos soldats t'accusent, les uns d'être blanc, les autres d'être un faux frère.
Si cela est, tu dois mourir. Tu soutiens que tu appartiens
à notre caste, et que tu ne l'as jamais reniée. Il ne te reste
qu'un moyen de prouver ce que tu avances et de te sauver. — Lequel, mon général, lequel? demanda le colon
avec empressement. Je suis prêt. — Le voici, dit Biassou
froidement. Prends ce stylet, et poignarde toi-même ces
deux prisonniers blancs.

En parlant ainsi, il nous désignait du regard et de la
main. Le colon recula d'horreur devant le stylet que Biassou lui présentait avec un sourire infernal. — Eh bien!
dit le chef, tu balances! C'est pourtant l'unique moyen de
me prouver, ainsi qu'à mon armée, que tu n'es pas un
blanc, et que tu es des nôtres. Allons, décide-toi, tu me
fais perdre mon temps. Les yeux du prisonnier étaient égarés. Il fit un pas vers le poignard, puis laissa retomber ses
bras, et s'arrêta en détournant la tête. Un frémissement
faisait trembler tout son corps. — Allons donc! s'écria
Biassou d'un ton d'impatience et de colère. Je suis pressé.
Choisis, ou de les tuer toi-même, ou de mourir avec eux.
Le colon restait immobile et comme pétrifié. — Fort bien!

(1) Il faut se souvenir que les hommes de couleur rejetaient
avec colère cette qualification, inventée, disaient-ils, par le mépris des blancs.
(2) Plusieurs sang-mêlés présentent en effet à l'origine des
ongles ce signe, qui s'efface avec l'âge, mais renaît chez leurs
enfants.

dit Biassou en se tournant vers les nègres; il ne veut pas
être le bourreau, il sera le patient. Je vois que c'est un
blanc; emmenez-le, vous autres...

Les noirs s'avançaient pour saisir le colon. Ce mouvement décida son choix entre la mort à donner et la mort à
recevoir. L'excès de la lâcheté a aussi son courage. Il se
précipita sur le poignard que lui offrait Biassou, puis, sans
se donner le temps de réfléchir à ce qu'il allait faire, le
misérable se jeta comme un tigre sur le citoyen C***, qui
était couché près de moi. Alors commença une horrible
lutte. Le négrophile, que le dénoûment de l'interrogatoire
dont l'avait tourmenté Biassou venait de plonger dans un
désespoir morne et stupide, avait vu la scène entre le chef
et le planteur sang-mêlé d'un œil fixe, et tellement absorbé
dans la terreur de son supplice prochain, qu'il n'avait point
paru la comprendre; mais, quand il vit le colon fondre sur
lui et le fer briller sur sa tête, l'imminence du danger le
réveilla en sursaut. Il se dressa debout et arrêta le bras du
meurtrier en criant d'une voix lamentable : — Grâce!
grâce! Que me voulez-vous donc? Que vous ai-je fait? —
Il faut mourir, monsieur, répondit le sang-mêlé, cherchant
à dégager son bras et fixant sur sa victime des yeux effarés. Laissez-moi faire, je ne vous ferai point de mal. —
Mourir de votre main! disait l'économiste, pourquoi donc?
Epargnez-moi! Vous m'en voulez peut-être de ce que j'ai
dit autrefois que vous étiez un sang-mêlé? Mais laissez-moi
la vie, je vous proteste que je vous reconnais pour un
blanc. Oui, vous êtes un blanc, je le dirai partout, mais
grâce...

Le négrophile avait mal choisi son moyen de défense. —
Tais-toi! tais-toi! cria le sang-mêlé furieux, et craignant que
les nègres n'entendissent cette déclaration. Mais l'autre
hurlait, sans l'écouter, qu'il le savait blanc et de fort
bonne race. Le sang-mêlé fit un dernier effort pour le ré-

duire au silence, écarta violemment les deux mains qui le
retenaient, et fouilla de son poignard à travers les vêtements du citoyen C***. L'infortuné sentit la pointe du fer,
et mordit avec rage le bras qui l'enfonçait. — Monstre!
scélérat! tu m'assassines!—Il jeta un regard vers Biassou.
— Défendez-moi, vengeur de l'humanité!... — Mais le
meurtrier appuya fortement sur le poignard, un flot de
sang jaillit autour de sa main et jusqu'à son visage. Les
genoux du malheureux négrophile plièrent subitement, ses
bras s'affaissèrent, ses yeux s'éteignirent, sa bouche poussa
un sourd gémissement. Il tomba mort.

XXXV

Cette scène, dans laquelle je m'attendais à jouer bientôt
mon rôle, m'avait glacé d'horreur. Le *vengeur de l'humanité* avait contemplé la lutte de ses deux victimes d'un œil
impassible. Quand ce fut fini, il se tourna vers ses pages
épouvantés : — Apportez-moi d'autre tabac, dit-il, et il
se remit à mâcher paisiblement. L'obi et Rigaud étaient
immobiles, et les nègres paraissaient eux-mêmes effrayés
de l'horrible spectacle que leur chef venait de leur donner.

Il restait cependant encore un blanc à poignarder, c'é-
tait moi; mon tour était venu. Je jetai un regard sur cet
assassin, qui allait être mon bourreau. Il me fit pitié. Ses
lèvres étaient violettes, ses dents claquaient; un mouvement convulsif, dont tremblaient tous ses membres, le faisait chanceler; sa main revenait sans cesse, et comme machinalement, sur son front pour en essuyer les traces de
sang, et il regardait d'un air insensé le cadavre fumant
étendu à ses pieds. Ses yeux hagards ne se détachaient pas
de sa victime. J'attendais le moment où il achèverait sa
tâche par ma mort. J'étais dans une position singulière

avec cet homme : il avait déjà failli me tuer pour prouver
qu'il était blanc; il allait maintenant m'assassiner pour dé-
montrer qu'il était mulâtre. — Allons, lui dit Biassou,
c'est bien, je suis content de toi, l'ami! Il jeta un coup
d'œil sur moi et ajouta : — Je te fais grâce de l'autre.
Va-t'en. Nous te déclarons bon frère, et nous te nommons
bourreau de notre armée.

A ces paroles du chef, un nègre sortit des rangs, s'inclina trois fois devant Biassou et s'écria en son jargon, que
je traduirai en français pour vous en faciliter l'intelligence :
— Et moi, mon général? — Eh bien! toi, que veux-tu
dire? demanda Biassou. — Est-ce que vous ne ferez rien
pour moi, mon général? dit le nègre. Voilà que vous donnez de l'avancement à ce chien de blanc, qui assassine
pour se faire reconnaître des nôtres. Est-ce que vous ne
m'en donnerez pas aussi, à moi qui suis un bon noir?

Cette requête inattendue parut embarrasser Biassou; il
se pencha vers Rigaud, et le chef du rassemblement des
Cayes lui dit en français : — On ne peut le satisfaire, tâ-
chez d'éluder sa demande. — Te donner de l'avancement?
dit alors Biassou au *bon noir*; je ne demande pas mieux.
Quel grade désires-tu? — Je voudrais être *oficial* (1). —
Officier! reprit le généralissime; eh bien! quels sont tes
titres pour obtenir l'épaulette? — C'est moi, répondit le
noir avec emphase, qui ai mis le feu à l'habitation Lagos-
cette, dès les premiers jours d'août. C'est moi qui ai massacré monsieur Clément, le planteur, et porté la tête de
son raffineur au bout d'une pique. J'ai égorgé dix femmes
blanches et sept petits enfants; l'un d'entre eux a même
servi d'enseigne aux braves noirs de Bouckmann. Plus tard
j'ai brûlé quatre familles de colons dans une chambre du
fort Galifet, que j'avais fermée à double tour avant de l'in-

---

(1) Officier.

cendier. Mon père a été roué au Cap, mon frère a été
pendu au Rocrou, et j'ai failli moi-même être fusillé. J'ai
brûlé trois plantations de café, six plantations d'indigo,
deux cents carreaux de cannes à sucre; j'ai tué mon
maître, monsieur Noë, et sa mère..... — Epargne-nous
tes états de services, dit Rigaud, dont la feinte mansuétude cachait une cruauté réelle, mais qui était féroce
avec décence et ne pouvait souffrir le cynisme du bri-
gandage. — Je pourrais en citer encore bien d'autres,
repartit le nègre avec orgueil; mais vous trouverez sans
doute que cela suffit pour mériter le grade d'*oficial* et pour
porter une épaulette d'or sur ma veste, comme nos camarades que voilà.

Il montrait les aides de camp et l'état-major de Biassou.
Le généralissime parut réfléchir un moment, puis il adressa
gravement ces paroles au nègre : — Je serais charmé de
t'accorder un grade; je suis satisfait de tes services; mais
il faut encore autre chose. — Sais-tu le latin?

Le brigand ébahi ouvrit de grands yeux, et dit : —
Plaît-il, mon général? — Eh bien! oui, reprit vivement
Biassou, sais-tu le latin?—Le... latin?... répéta le noir stupéfait.—Oui, oui, oui, le latin! sais-tu le latin? poursuivit
le rusé chef. Et, déployant un étendard sur lequel était
écrit le verset du psaume : *In exitu Israël de Ægypto*, il
ajouta : — Explique-nous ce que veulent dire ces mots.

Le noir, au comble de la surprise, restait immobile et
muet, et froissait machinalement la pagne de son caleçon,
tandis que ses yeux effarés allaient du général au drapeau
et du drapeau au général. — Allons, répondras-tu? dit
Biassou avec impatience.

Le noir, après s'être gratté la tête, ouvrit et ferma plusieurs fois la bouche, et laissa enfin tomber ces mots em-
barrassés : — Je ne sais pas ce que veut dire le général.
Le visage de Biassou prit une subite expression de colère

et d'indignation. —Comment! misérable drôle! s'écria-t-il,
comment! tu veux être officier, et tu ne sais pas le latin!
— Mais, notre général... balbutia le nègre confus et tremblant. — Tais-toi! reprit Biassou, dont l'emportement semblait croître. Je ne sais à quoi tient que je ne te fasse fusiller sur l'heure pour ta présomption. Comprenez-vous,
Rigaud, ce plaisant officier qui ne sait seulement pas le
latin? Eh bien! drôle, puisque tu ne comprends point ce
qui est écrit sur ce drapeau, je vais te l'expliquer : *In
exitu*, tout soldat, *Israël*, qui ne sait pas le latin, *de
Ægypto*, ne peut être nommé officier. — N'est-ce point
cela, monsieur le chapelain?

Le petit obi fit un signe affirmatif. Biassou continua : —
Ce frère, que je viens de nommer bourreau de l'armée, et
dont tu es jaloux, sait le latin. Il se tourna vers le nouveau
bourreau. — N'est-il pas vrai, l'ami? Prouvez à ce butor
que vous en savez plus que lui... *Dominus vobiscum?*

Le malheureux colon sang-mêlé, arraché de sa sombre
rêverie par cette voix redoutable, leva la tête, et, quoique
ses esprits fussent encore tout égarés par le lâche assassinat qu'il venait de commettre, la terreur le décida à l'o-
béissance. Il y avait quelque chose d'étrange dans l'air
dont cet homme cherchait à retrouver un souvenir de col-
lége parmi ses pensées d'épouvante et de remords, et dans
la manière lugubre dont il prononça l'explication enfan-
tine : — *Dominus vobiscum...* cela veut dire :... « Que le
Seigneur soit avec vous! » — *Et cum spiritu tuo!* ajouta
solennellement le mystérieux obi. — *Amen!* dit Biassou.
Puis, reprenant son accent irrité et mêlant à son courroux
simulé quelques phrases de mauvais latin à la façon de
Sganarelle, pour convaincre les noirs de la science de leur
chef : —Rentre le dernier dans ton rang! cria-t-il au nègre
ambitieux. *Sursum corda!* ne t'avise plus à l'avenir de prétendre monter au rang de tes chefs, qui savent le latin,

orate, fratres, ou je te fais pendre! *Bonus, bona, bonum.*

Le nègre, émerveillé et terrifié tout ensemble, retourna à son rang en baissant honteusement la tête, au milieu des huées générales de tous ses camarades, qui s'indignaient de ses prétentions si mal fondées, et fixaient des yeux d'admiration sur leur docte généralissime. Il y avait un côté burlesque dans cette scène, qui acheva cependant de m'inspirer une haute idée de l'habileté de Biassou. Le moyen ridicule qu'il venait d'employer avec tant de succès (1) pour déconcerter les ambitions toujours si exigeantes dans une bande de rebelles me donnait à la fois la mesure de la stupidité des nègres et de l'adresse de leur chef.

XXXVI

Cependant l'heure de l'*almuerzo* (2) de Biassou était venue. On apporta devant le *mariscal de campo de Su Magestad católica* une grande écaille de tortue dans laquelle fumait une espèce d'*olla podrida*, abondamment assaisonnée de tranches de lard, où la chair de tortue remplaçait le *carnero* (3), et la patate les *garganzas* (4). Un énorme chou caraïbe flottait à la surface de ce *puchero*. Des deux côtés de l'écaille, qui servait à la fois de marmite et de soupière, étaient deux coupes d'écorce de coco pleines de raisins secs, de *sandias* (5), d'ignames et de figues: c'était le *postre* (6). Un pain de maïs et une outre de vin

(1) Toussaint-Louverture s'est servi plus tard du même expédient avec le même avantage.
(2) Déjeuner.
(3) L'agneau.
(4) Les pois-chiches.
(5) Melons d'eau.
(6) Dessert.

goudronné complétaient l'appareil du festin. Biassou tira
de sa poche quelques gousses d'ail et en frotta lui-même le
pain; puis, sans même faire enlever le cadavre palpitant
couché devant ses yeux, il se mit à manger, et invita Rigaud à en faire autant. L'appétit de Biassou avait quelque
chose d'effrayant. L'obi ne partagea point leur repas. Je
compris que, comme tous ses pareils, il ne mangeait jamais en public, afin de faire croire aux nègres qu'il était
d'une essence surnaturelle et qu'il vivait sans nourriture.

Tout en déjeunant, Biassou ordonna à un aide de camp
de faire commencer la revue, et les bandes se mirent à défiler en bon ordre devant la grotte. Les noirs du Morne-
Rouge passèrent les premiers; ils étaient environ quatre
mille, divisés en petits pelotons serrés que conduisaient
des chefs ornés, comme je l'ai déjà dit, de caleçons ou de
ceintures écarlates. Ces noirs, presque tous grands et forts,
portaient des fusils, des haches et des sabres : un grand
nombre d'entre eux avaient des arcs, des flèches et des
zagaies, qu'ils s'étaient forgés à défaut d'autres armes. Ils
n'avaient point de drapeau, et marchaient en silence d'un
air consterné. En voyant défiler cette horde, Biassou se
pencha à l'oreille de Rigaud, et lui dit en français : —
Quand donc la mitraille de Blanchelande et de Rouvray me
débarrassera-t-elle de ces bandits du Morne-Rouge ? Je les
hais : ce sont presque tous des congos ! Et puis ils ne savent tuer que dans le combat; ils suivaient l'exemple de
leur chef imbécile, de leur idole Bug-Jargal, jeune fou qui
voulait faire le généreux et le magnanime. Vous ne le
connaissez pas, Rigaud ? vous ne le connaîtrez jamais, je
l'espère. Les blancs l'ont fait prisonnier, et ils me délivre-
ront de lui comme ils m'ont délivré de Bouckmann. — A
propos de Bouckmann, répondit Rigaud, voici les noirs
marrons de Macaya qui passent, et je vois dans leurs rangs
le nègre que Jean-François vous a envoyé pour vous an-

noncer la mort de Bouckmann. Savez-vous bien que cet-
homme pourrait détruire tout l'effet des prophéties de
l'obi sur la fin de ce chef, s'il disait qu'on l'a arrêté pendant une demi-heure aux avant-postes, et qu'il m'avait
confié sa nouvelle avant l'instant où vous l'avez fait appeler? — *Diabalo!* dit Biassou, vous avez raison, mon cher,
il faut fermer la bouche à cet homme-là. Attendez! Alors,
élevant la voix : — Macaya! cria-t-il. Ce chef des nègres
marrons s'approcha et présenta son tromblon au col évasé
en signe de respect. — Faites sortir de vos rangs, reprit
Biassou, ce noir que j'y vois là-bas, et qui ne doit pas en
faire partie.

C'était le messager de Jean-François. Macaya l'amena au
généralissime, dont le visage prit subitement cette expression de colère qu'il savait si bien simuler. — Qui es-tu?
demanda-t-il au nègre interdit. — Notre général, je suis
un noir. — *Caramba!* je le vois bien! Mais comment
t'appelles-tu? — Mon nom de guerre est Vavelan ; mon
patron chez les bienheureux est saint Sabas, diacre et martyr, dont la fête viendra le vingtième jour avant la Nativité
de Notre Seigneur.

Biassou l'interrompit. — De quel front oses-tu te présenter à la parade, au milieu des espingoles luisantes et
des baudriers blancs, avec ton sabre sans fourreau, ton
caleçon déchiré, tes pieds couverts de boue? — Notre général, répondit le noir, ce n'est pas ma faute : j'ai été
chargé par le grand amiral Jean-François de vous porter
la nouvelle de la mort du chef des marrons anglais, Bouckmann ; et si mes vêtements sont déchirés, si mes pieds
sont sales, c'est que j'ai couru à perdre haleine pour vous
l'apporter plus tôt ; mais on m'a retenu au camp, et...

Biassou fronça le sourcil.—Il ne s'agit point de cela, *ga-
vacho!* mais de ton audace d'assister à la revue dans ce
désordre. Recommande ton âme à saint Sabas, diacre et

martyr, ton patron. Va te faire fusiller. Ici j'eus encore
une nouvelle preuve du pouvoir moral de Biassou sur les
rebelles. L'infortuné, chargé d'aller lui-même se faire
exécuter, ne se permit pas un murmure; il baissa la tête,
croisa les bras sur sa poitrine, salua trois fois son juge im-
pitoyable, et, après s'être agenouillé devant l'obi, qui lui
donna gravement une absolution sommaire, il sortit de la
grotte. Quelques minutes après, une détonation de mousqueterie annonça à Biassou que le nègre avait obéi et vécu !
Le chef, débarrassé de toute inquiétude, se tourna alors
vers Rigaud, l'œil étincelant de plaisir, et avec un ricanement de plaisir qui semblait dire . Admirez (1) !

XXXVII

Cependant la revue continuait. Cette armée, dont le
désordre m'avait offert un tableau si extraordinaire quelques heures auparavant, n'était pas moins bizarre sous les
armes. C'étaient tantôt des nègres absolument nus, munis
de massues, de tomahawks, de casse-têtes, marchant au
son de la corne à bouquin, comme les sauvages; tantôt des

(1) Toussaint-Louverture, qui s'était formé à l'école de Biassou,
et qui, s'il ne lui était pas supérieur en habileté, était du moins
fort loin de l'égaler en perfidie et en cruauté, Toussaint-Louverture a donné plus tard le spectacle du même pouvoir sur les nègres fanatisés. Ce chef, issu, dit-on, d'une race royale africaine,
avait reçu, comme Biassou, quelque instruction grossière, à laquelle il ajoutait du génie. Il s'était dressé une façon de trône ré-
publicain à Saint-Domingue dans le même temps où Bonaparte se
fondait en France une monarchie sur la victoire. Toussaint admirait naïvement le premier consul; mais le premier consul, ne
voyant dans Toussaint qu'un parodiste gênant de sa fortune,
repoussa toujours dédaigneusement toute correspondance avec
l'esclave affranchi qui osait lui écrire : *Au premier des blancs le
premier des noirs.*

bataillons de mulâtres, équipés à l'espagnole ou à l'anglaise, bien armés et bien disciplinés, réglant leurs pas sur le roulement d'un tambour; puis des cohues de négresses, de négrillons, chargés de fourches et de broches; des fatras courbés sous de vieux fusils sans chien et sans canon; des griotes avec leurs parures bariolées; des griots, effroyables de grimaces et de contorsion, chantant des airs incohérents sur la guitare, le tam-tam et le balafo. Cette étrange procession était de temps à autre coupée par des détachements hétérogènes de griffes, de marabouts, de sacatras, de mamelouks, de quarterons, de sang-mêlés libres; ou par des hordes nomades de noirs marrons à l'attitude fière, aux carabines brillantes, traînant dans leurs rangs leurs cabrouets tout chargés ou quelques canons pris aux blancs, qui leur servaient moins d'arme que de trophée, et hurlant à pleine voix les hymnes du camp du Grand-Pré et d'Oua-Nassé. Au-dessus de toutes ces têtes flottaient des drapeaux de toutes couleurs, de toutes devises, blancs, rouges, tricolores, fleurdelisés, surmontés du bonnet de liberté, portant pour inscriptions : — *Mort aux prêtres et aux aristocrates! — Vive la religion! — Liberté! Egalité! — Vive le roi! — A bas la métropole!* — Viva España! — *Plus de tyrans!* etc. Confusion frappante qui indiquait que toutes les forces des rebelles n'étaient qu'un amas de moyens sans but, et qu'en cette armée il n'y avait pas moins de désordre dans les idées que dans les hommes.

En passant tour à tour devant la grotte, les bandes inclinaient leur bannière, et Biassou rendait le salut. Il adressait à chaque troupe quelque réprimande ou quelque éloge; et chaque parole de sa bouche, sévère ou flatteuse, était recueillie par les siens avec un respect fanatique et une sorte de crainte superstitieuse. Ce flot de barbares et de sauvages passa enfin. J'avoue que la vue de tant de brigands, qui m'avait distrait d'abord, finissait par me peser.

Cependant le jour tombait, et, au moment où les derniers rangs défilèrent, le soleil ne jetait plus qu'une teinte de cuivre rouge sur le front granitique des montagnes de l'orient.

XXXVIII

Biassou paraissait rêveur. Quand la revue fut terminée, qu'il eut donné ses derniers ordres, et que tous les rebelles furent rentrés sous leurs ajoupas, il m'adressa la parole. — Jeune homme, me dit-il, tu as pu juger à ton aise de mon génie et de ma puissance. Voici que l'heure est venue pour toi d'en aller rendre compte à Léogri. — Il n'a pas tenu à moi qu'elle ne vînt plus tôt, lui répondis-je froidement. — Tu as raison, répliqua Biassou. Il s'arrêta un moment comme pour épier l'effet que produirait sur moi ce qu'il allait me dire, et il ajouta : — Mais il ne tient qu'à toi qu'elle ne vienne pas. — Comment ! m'écriai-je étonné, que veux-tu dire ? — Oui, continua Biassou, ta vie dépend de toi ; tu peux la sauver si tu le veux.

Cet accès de clémence, le premier et le dernier sans doute que Biassou ait jamais eu, me parut un prodige. L'obi, surpris comme moi, s'était élancé du siége où il avait conservé si longtemps la même attitude extatique, à la mode des fakirs indous. Il se plaça en face du généralissime, et éleva la voix avec colère : — *Qué dice el excelentisimo señor mariscal de campo* (1)? Se souvient-il de ce qu'il m'a promis? Il ne peut, ni lui ni le *bon Giu*, disposer maintenant de cette vie : elle m'appartient.

En ce moment encore, à cet accent irrité, je crus me ressouvenir de ce maudit petit homme ; mais ce moment

(1) Que dit le très-excellent seigneur maréchal de camp?

fut insaisissable, et aucune lumière n'en jaillit pour moi.

Biassou se leva sans s'émouvoir, parla bas un instant avec l'obi, lui montra le drapeau noir que j'avais déjà remarqué, et, après quelques mots échangés, le sorcier remua la tête de haut en bas et la releva de bas en haut, en signe d'adhésion. Tous deux reprirent leurs places et leurs attitudes.

— Ecoute, me dit alors le généralissime en tirant de la poche de sa veste l'autre dépêche de Jean-François, qu'il y avait déposée : nos affaires vont mal; Bouckmann vient de périr dans un combat. Les blancs ont exterminé deux mille noirs révoltés dans le district du Cul-de-Sac. Les colons continuent de se fortifier et de hérisser la plaine de postes militaires. Nous avons perdu, par notre faute, l'occasion de prendre le Cap : elle ne se représentera pas de longtemps. Du côté de l'est, la route principale est coupée par une rivière : les blancs, afin d'en défendre le passage, y ont établi une batterie sur des pontons, et ont formé sur chaque bord deux petits camps. Au sud, il y a une grande route qui traverse ce pays montueux appelé le Haut-du-Cap; ils l'ont couverte de troupes et d'artillerie. La position est également fortifiée du côté de la terre par une bonne palissade, à laquelle tous les habitants ont travaillé, et l'on y a ajouté des chevaux de frise. Le Cap est donc à l'abri de nos armes. Notre embuscade aux gorges de Dompte-Mulâtre a manqué son effet. A tous nos échecs se joint la fièvre de Siam, qui dépeuple le camp de Jean-François. En conséquence, le grand amiral de France (1) pense, et nous partageons son avis, qu'il conviendrait de traiter avec le gouverneur Blanchelande et l'assemblée coloniale.

Voici la lettre que nous adressons à l'assemblée à ce sujet : écoute!

(1) Nous avons déjà dit que Jean-François prenait ce titre.

« Messieurs les députés,

« De grands malheurs ont affligé cette riche et importante colonie; nous y avons été enveloppés, et il ne nous reste plus rien à dire pour notre justification. Un jour vous nous rendrez toute la justice que mérite notre position. Nous devons être compris dans l'amnistie générale que le roi Louis XVI a prononcée pour tous indistinctement. Sinon, comme le roi d'Espagne est un bon roi, qui nous traite fort bien et nous *témoigne des récompenses*, nous continuerons de le servir avec zèle et dévouement. Nous voyons, par la loi du 28 septembre 1791, que l'Assemblée nationale et le roi vous accordent de prononcer définitivement sur l'état des personnes non libres et l'état politique des hommes de couleur. Nous défendrons les décrets de l'Assemblée nationale et les vôtres, revêtus des formalités requises, jusqu'à la dernière goutte de notre sang. Il serait même intéressant que vous *déclariez*, par un arrêté sanctionné de monsieur le général, que votre intention est de vous occuper du sort des esclaves. Sachant qu'ils sont l'objet de votre sollicitude, par leurs chefs, à qui vous ferez parvenir ce travail, ils seraient satisfaits, et l'équilibre rompu se rétablirait en peu de temps.

« Ne comptez pas cependant, messieurs les représentants, que nous consentions à nous armer pour les volontés des assemblées révolutionnaires. Nous sommes sujets de trois rois : le roi de Congo, maître-né de tous les noirs; le roi de France, qui représente nos pères; et le roi d'Espagne, qui représente nos mères. Ces trois rois sont les descendants de ceux qui, conduits par une étoile, ont été adorer l'Homme-Dieu. Si nous servions les assemblées, nous serions peut-être entraînés à faire la guerre contre nos frères, les sujets de ces trois rois, à qui nous avons promis fidélité. Et puis, nous ne savons ce qu'on entend

par volonté de la nation; vu que, *depuis que le monde règne*, nous n'avons exécuté que celle d'un roi. Le prince de
France nous aime, celui d'Espagne ne cesse de nous secourir. Nous les aidons, ils nous aident : c'est la cause de
l'humanité. Et d'ailleurs, ces majestés viendraient à nous
manquer, que nous aurions bien vite *trôné un roi*. Telles
sont nos intentions, moyennant quoi nous consentirons à
faire la paix.

Signé : Jean-François, général; Biassou, maréchal de
camp; Desprez, Manzeau, Toussaint, Aubert, commissaires
ad hoc (1). »

— Tu vois, ajouta Biassou après la lecture de cette pièce
de diplomatie nègre, dont le souvenir s'est fixé mot pour
mot dans ma tête, tu vois que nous sommes pacifiques.
Or, voilà ce que je veux de toi. Ni Jean-François ni moi
n'avons été élevés dans les écoles des blancs, où l'on ap-
prend le beau langage. Nous savons nous battre, mais nous
ne savons point écrire. Cependant nous ne voulons pas
qu'il reste rien dans notre lettre à l'assemblée qui puisse
exciter les *burlerias* orgueilleuses de nos anciens maîtres.
Tu parais avoir appris cette science frivole qui nous man-
que. Corrige les fautes qui pourraient, dans notre dépêche, prêter à rire aux blancs : à ce prix, je t'accorde la vie.

Il y avait dans ce rôle de correcteur des fautes d'ortho-
graphe diplomatique de Biassou quelque chose qui répu-
gnait trop à ma fierté pour que je balançasse un moment.
Et d'ailleurs, que me faisait la vie? Je refusai son offre.

Il parut surpris. — Comment! s'écria-t-il, tu aimes
mieux mourir que de redresser quelques traits de plume
sur un morceau de parchemin? — Oui, lui répondis-je.

Ma résolution semblait l'embarrasser. Il me dit après un

(1) Il paraîtrait que cette lettre, ridiculement caractéristique,
fut en effet envoyée à l'Assemblée.

instant de rêverie : — Ecoute bien, jeune fou, je suis
moins obstiné que toi. Je te donne jusqu'à demain soir
pour te décider à m'obéir ; demain, au coucher du soleil,
tu seras ramené devant moi. Pense alors à me satisfaire.
Adieu ; la nuit porte conseil. Songes-y bien, chez nous la
mort n'est pas seulement la mort.

Le sens de ces dernières paroles, accompagné d'un rire
affreux, n'était pas équivoque ; et les tourments que Biassou avait coutume d'inventer pour ses victimes achevaient
de l'expliquer. — Candi, remmenez le prisonnier, poursuivit Biassou ; confiez-en la garde aux noirs du Morne-Rouge ;
je veux qu'il vive encore un tour de soleil, et mes autres
soldats n'auraient peut-être pas la patience d'attendre que
les vingt-quatre heures fussent écoulées. Le mulâtre Candi,
qui était le chef de sa garde, me fit lier les bras derrière le
dos. Un soldat prit l'extrémité de la corde, et nous sor-
times de la grotte.

XXXIX

Quand les événements extraordinaires, les angoisses et
les catastrophes viennent fondre tout à coup au milieu
d'une vie heureuse et délicieusement uniforme, ces émotions inattendues, ces coups du sort, interrompent brusquement le sommeil de l'âme, qui se reposait dans la monoto-
nie de la prospérité. Cependant le malheur qui arrive de
cette manière ne semble pas un réveil, mais seulement un
songe. Pour celui qui a toujours été heureux, le désespoir
commence par la stupeur. L'adversité imprévue ressemble
à la torpille ; elle secoue, mais engourdit ; et l'effrayante
lumière qu'elle jette soudainement devant nos yeux n'est
point le jour. Les hommes, les choses, les faits, passent
alors devant nous avec une physionomie en quelque sorte

fantastique, et se meuvent comme dans un rêve. Tout est
changé dans l'horizon de notre vie, atmosphère et perspec-
tive : mais il s'écoule un long temps avant que nos yeux
aient perdu cette sorte d'image lumineuse du bonheur passé
qui les suit, et, s'interposant sans cesse entre eux et le
sombre présent, en change la couleur et donne je ne sais
quoi de faux à la réalité. Alors tout ce qui est nous paraît
impossible et absurde : nous croyons à peine à notre propre existence, parce que, ne trouvant rien autour de nous
de ce qui composait notre être, nous ne comprenons pas
comment tout cela aurait disparu sans nous entrainer, et
pourquoi de notre vie il ne serait resté que nous. Si cette
position violente de l'âme se prolonge, elle dérange l'équilibre de la pensée et devient folie, état peut-être heureux,
dans lequel la vie n'est plus pour l'infortuné qu'une vision
dont il est lui-même le fantôme.

XL

J'ignore, messieurs, pourquoi je vous expose ces idées.
Ce ne sont point de celles que l'on comprend et que l'on
fait comprendre. Il faut les avoir senties. Je les ai éprou-
vées. C'était l'état de mon âme au moment où les gardes
de Biassou me remirent aux nègres du Morne-Rouge. Il me
semblait que c'étaient des spectres qui me livraient à des
spectres, et, sans opposer de résistance, je me laissai lier
par la ceinture au tronc d'un arbre. Ils m'apportèrent quelques patates cuites dans l'eau, que je mangeai par cette sorte
d'instinct machinal que la bonté de Dieu laisse à l'homme
au milieu des préoccupations de l'esprit. Cependant la nuit
était venue : mes gardiens se retirèrent dans leurs ajoupas,
et six d'entre eux seulement restèrent près de moi, assis
ou couchés devant un grand feu qu'ils avaient allumé pour

se préserver du froid nocturne. Au bout de quelques instants, tous s'endormirent profondément. L'accablement
physique dans lequel je me trouvais alors ne contribuait
pas peu aux vagues rêveries qui égaraient ma pensée. Je
me rappelais les jours sereins et toujours les mêmes que,
peu de semaines auparavant, je passais encore auprès de
Marie, sans même entrevoir dans l'avenir une autre possi-
bilité que celle d'un bonheur éternel. Je les comparais à la
journée qui venait de s'écouler, journée où tant de choses
étranges s'étaient déroulées devant moi, comme pour me
faire douter de leur existence, où ma vie avait été trois fois
condamnée, et n'avait pas été sauvée. Je méditais sur mon
avenir présent, qui ne se composait plus que d'un lendemain, et ne m'offrait plus d'autre certitude que le malheur
et la mort, heureusement prochaine. Il me semblait lutter
contre un cauchemar affreux. Je me demandais s'il était
possible que tout ce qui s'était passé fût passé, que ce qui
m'entourait fût le camp du sanguinaire Biassou, que Marie
fût pour jamais perdue pour moi, et que ce prisonnier
gardé par six barbares, garrotté et dévoué à une mort certaine, ce prisonnier que me montrait la lueur d'un feu de
brigands, fût bien moi. Et, malgré tous mes efforts pour
fuir l'obsession d'une pensée bien plus déchirante encore,
mon cœur revenait à Marie. Je m'interrogeais avec angoisse
sur son sort; je me roidissais dans mes liens comme pour
voler à son secours, espérant toujours que le rêve horrible
se dissiperait, et que Dieu n'aurait pas voulu faire entrer
toutes les horreurs sur lesquelles je n'osais m'arrêter dans
la destinée de l'ange qu'il m'avait donné pour épouse.
L'enchaînement douloureux de mes idées ramenait alors
Pierrot devant moi, et la rage me rendait presque insensé;
les artères de mon front me semblaient prêtes à se rompre; je me haïssais, je me maudissais, je me méprisais
pour avoir un moment uni mon amitié pour Pierrot à mon

amour pour Marie; et, sans chercher à m'expliquer quel
motif avait pu le pousser à se jeter lui-même dans les eaux
de la Grande-Rivière, je pleurais de ne point l'avoir tué.
Il était mort; j'allais mourir; et la seule chose que je re-
grettasse de sa vie et de la mienne, c'était ma vengeance.

Toutes ces émotions m'agitaient au milieu d'un demi-
sommeil dans lequel l'épuisement m'avait plongé. Je ne
sais combien de temps il dura; mais j'en fus soudainement
arraché par le retentissement d'une voix mâle qui chantait
distinctement, mais de loin : *Yo que soy contrabandista.*
J'ouvris les yeux en tressaillant; tout était noir, les nègres
dormaient, le feu mourait. Je n'entendais plus rien : je
pensai que cette voix était une illusion du sommeil, et
mes paupières alourdies se refermèrent. Je les ouvris une
seconde fois précipitamment; la voix avait recommencé et
chantait avec tristesse et de plus près ce couplet d'une romance espagnole :

> En los campos de Ocaña,
> Prisionero caí;
> Me llevan á Cotadilla :
> Desdichado fuí (1).

Cette fois il n'y avait plus de rêve. C'était la voix de
Pierrot! Un moment après, elle s'éleva encore dans l'ombre et le silence, et fit entendre pour la deuxième fois,
presque à mon oreille, l'air connu : *Yo que soy contrabandista.* Un dogue vint joyeusement se rouler à mes
pieds, c'était Rask. Je levai les yeux. Un noir était devant
moi, et la lueur du foyer projetait à côté du chien son
ombre colossale : c'était Pierrot. La vengeance me trans-

(1)   Dans les champs d'Ocaña
> Je tombai prisonnier :
> Ils m'emmenèrent à Cotadilla ;
> Je fus malheureux!

porta, la surprise me rendit immobile et muet. Je ne dormais pas. Les morts revenaient donc! Ce n'était plus un
songe, mais une apparition. Je me détournai avec horreur.
A cette vue, sa tête tomba sur sa poitrine. — Frère, murmura-t-il à voix basse, tu m'avais promis de ne jamais
douter de moi quand tu m'entendrais chanter cet air;
frère, dis, as-tu oublié ta promesse?

La colère me rendit la parole. — Monstre! m'écriai-je,
je te retrouve donc enfin, bourreau, assassin de mon oncle, ravisseur de Marie! oses-tu m'appeler ton frère? Tiens,
ne m'approche pas!... J'oubliais que j'étais attaché de
manière à ne pouvoir faire presque aucun mouvement.
J'abaissai comme involontairement les yeux sur mon côté
pour y chercher mon épée. Cette intention visible le frappa.
Il prit un air ému, mais doux. — Non, dit-il, non, je n'ap-
procherai pas. Tu es malheureux, je te plains; toi, tu ne
me plains pas, quoique je le sois plus que toi. Je haussai
les-épaules. Il comprit ce reproche muet. Il me regarda
d'un air rêveur. —Oui, tu as beaucoup perdu; mais, crois-
moi, j'ai perdu plus que toi. Cependant ce bruit de voix
avait réveillé les six nègres qui me gardaient. Apercevant
un étranger, ils se levèrent précipitamment en saisissant
leurs armes; mais, dès que leurs regards se furent arrêtés
sur Pierrot, ils poussèrent un cri de surprise et de joie, et
tombèrent prosternés en battant la terre de leurs fronts.

Mais les respects que ces nègres rendaient à Pierrot, les
caresses que Rask portait alternativement de son maître à
moi, en me regardant avec inquiétude, comme étonné de
mon froid accueil, rien ne faisait impression sur moi en ce
moment; j'étais tout entier à l'émotion de ma rage, rendue impuissante par les liens qui me chargeaient. — Oh!
m'écriai-je enfin en pleurant de fureur sous les entraves
qui me retenaient, oh! que je suis malheureux!... Je re-
grettais que ce misérable se fût fait justice à lui-même;

je le croyais mort, et je me désolais pour ma vengeance. Et maintenant le voilà qui vient me narguer lui-même ; il est là, vivant, sous mes yeux, et je ne puis jouir du bonheur de le poignarder. Oh! qui me délivrera de ces exécrables nœuds! Pierrot se retourna vers les nègres, toujours en adoration devant lui : — Camarades, dit-il, détachez le prisonnier!

XLI

Il fut promptement obéi. Mes six gardiens coupèrent avec empressement les cordes qui m'entouraient. Je me levai debout et libre, mais je restai immobile; l'étonnement m'enchaînait à son tour. — Ce n'est pas tout, reprit alors Pierrot. Et, arrachant le poignard de l'un des nègres, il me le présenta en disant : — Tu peux te satisfaire. A Dieu ne plaise que je te dispute le droit de disposer de ma vie. Tu l'as sauvée trois fois; elle est bien à toi maintenant; frappe, si tu veux frapper. Il n'y avait ni reproche ni amertume dans sa voix. Il n'était que triste et résigné.

Cette voie inattendue ouverte à ma vengeance par celui même qu'elle brûlait d'atteindre avait quelque chose de trop étrange et de trop facile. Je sentis que toute ma haine pour Pierrot, tout mon amour pour Marie, ne suffisaient pas pour me porter à un assassinat; d'ailleurs, quelles que fussent les apparences, une voix me criait au fond du cœur qu'un ennemi et un coupable ne vient pas de cette manière au-devant de la vengeance et du châtiment. Vous le dirai-je enfin? il y avait dans le prestige impérieux dont cet être extraordinaire était environné quelque chose qui me subjuguait moi-même malgré moi dans ce moment. Je repoussai le poignard.—Malheureux! lui dis-je, je veux bien te tuer dans un combat, mais non t'assassiner; défends-toi! —Que je me défende! répondit-il étonné; et contre qui? —Contre moi. Il fit un geste de stupeur. —Contre toi! C'est la seule chose pour laquelle je ne puisse t'obéir. Vois-tu Rask? je puis bien l'égorger; il se laissera faire: mais je ne saurais le contraindre à lutter contre moi; il ne me comprendrait pas. Je ne te comprends pas; je suis Rask pour toi. Il ajouta, après un silence: —Je vois la haine dans tes yeux, comme tu l'as pu voir un jour dans les miens. Je sais que tu as éprouvé bien des malheurs; ton oncle a été massacré, tes champs incendiés, tes amis égorgés; on a saccagé tes maisons, dévasté ton héritage: mais ce n'est pas moi, ce sont les miens. Ecoute, je t'ai dit un jour que les tiens m'avaient fait bien du mal; tu m'as répondu que ce n'était pas toi: qu'ai-je fait alors?

Son visage s'éclaircit; il s'attendait à me voir tomber dans ses bras. Je le regardai d'un air farouche. —Tu désavoues tout ce que m'ont fait les tiens, lui dis-je avec l'accent de la fureur, et tu ne parles pas de ce que tu m'as fait, toi! —Quoi donc? demanda-t-il. —Je m'approchai violemment de lui, et ma voix devint un tonnerre: —Où est Marie? Qu'as-tu fait de Marie? A ce nom, un nuage passa sur son front: il parut un moment embarrassé. Enfin, rompant le silence: —*Maria!* répondit-il. Oui, tu as raison... mais trop d'oreilles nous écoutent.

Son embarras, ces mots; *tu as raison,* rallumèrent un enfer dans mon cœur. Je crus voir qu'il éludait ma question. En ce moment il me regarda avec son visage ouvert, et me dit avec une émotion profonde: —Ne me soupçonne pas, je t'en conjure. Je te dirai tout cela ailleurs. Tiens. aime-moi comme je t'aime, avec confiance. Il s'arrêta un instant pour observer l'effet de ses paroles, et ajouta avec attendrissement: —Puis-je t'appeler frère? Mais ma colère jalouse avait repris toute sa violence, et ces paroles tendres, qui me parurent hypocrites, ne firent que l'exas-

pérer. — Oses-tu bien me rappeler ce temps, m'écriai-je,
misérable ingrat? Il m'interrompit. De grosses larmes rou-
lèrent dans ses yeux : — Ce n'est pas moi qui suis ingrat.
— Eh bien ! parle, repris-je avec emportement. Qu'as-tu
fait de Marie ? — Ailleurs, ailleurs! me répondit-il. Ici
nos oreilles n'entendent pas seules ce que nous disons. Au
reste, tu ne me croirais pas sans doute sur parole, et puis
le temps presse. Voilà qu'il fait jour, et il faut que je te
tire d'ici. Ecoute, tout est fini, puisque tu doutes de moi,
et tu feras aussi bien de m'achever avec un poignard;
mais attends encore un peu avant d'exécuter ce que tu
appelles ta vengeance : je dois d'abord te délivrer. Viens
avec moi trouver Biassou. Cette manière d'agir et de parler cachait un mystère que je ne pouvais comprendre.
Malgré toutes mes préventions contre cet homme, sa voix
faisait toujours vibrer une corde dans mon cœur. En l'é-
coutant, je ne sais quelle puissance me dominait. Je me
surprenais balançant entre la vengeance et la pitié, la défiance et un aveugle abandon. Je le suivis.

XLII

Nous sortîmes du quartier des nègres du Morne-Rouge.
Je m'étonnais de marcher libre dans ce camp barbare où
la veille chaque brigand semblait avoir soif de mon sang.
Loin de chercher à nous arrêter, les noirs et les mulâtres
se prosternaient sur notre passage avec des acclamations
de surprise, de joie et de respect. J'ignorais quel rang
Pierrot occupait dans l'armée des révoltés; mais je me
rappelais l'empire qu'il exerçait sur ses compagnons d'esclavage, et je m'expliquais sans peine l'importance dont il
paraissait jouir parmi ses camarades de rébellion. Arrivés
à la ligne de gardes qui veillait devant la grotte de Bias-

sou, le mulâtre Candi, leur chef, vint à nous, nous demandant de loin, avec menaces, pourquoi nous osions
avancer si près du général ; mais, quand il fut à portée de
voir distinctement les traits de Pierrot, il ôta subitement
sa montera brodée en or, et, comme terrifié de sa propre
audace, il s'inclina jusqu'à terre, et nous introduisit près
de Biassou, en balbutiant mille excuses auxquelles Pierrot
ne répondit que par un geste de dédain. Le respect des
simples soldats nègres pour Pierrot ne m'avait pas étonné ;
mais, en voyant Candi, l'un de leurs principaux officiers,
s'humilier ainsi devant l'esclave de mon oncle, je com-
mençai à me demander quel pouvait être cet homme dont
l'autorité semblait si grande. Ce fut bien autre chose quand
je vis le généralissime, qui était seul au moment où nous
entrâmes, et mangeait tranquillement un calalou, se lever
précipitamment à l'aspect de Pierrot, et, dissimulant une
surprise inquiète et un violent dépit sous des apparences
de profond respect, s'incliner humblement devant mon
compagnon, et lui offrir son propre trône d'acajou. Pierrot refusa. — Jean Biassou, dit-il, je ne suis pas venu vous
prendre votre place, mais simplement vous demander une
grâce. — *Alteza*, répondit Biassou en redoublant ses salu-
tations, vous savez que vous devez disposer de tout ce
qui dépend de Jean Biassou, de tout ce qui appartient à
Jean Biassou, de Jean Biassou lui-même.

Ce titre d'*alteza*, qui équivaut à celui d'*altesse* ou de
hautesse, donné à Pierrot par Biassou, accrut encore
mon étonnement. — Je n'en veux pas tant, reprit vivement Pierrot : je ne vous demande que la vie et la liberté
de ce prisonnier. Il me désignait de la main. Biassou parut un moment interdit : cet embarras fut court. — Vous
désolez votre serviteur, *Alteza ;* vous exigez de lui bien
plus qu'il ne peut vous accorder, à son grand regret. Ce
prisonnier n'est point à Jean Biassou, n'appartient pas à

Jean Biassou, et ne dépend pas de Jean Biassou. — Que voulez-vous dire? demanda Pierrot sévèrement. De qui dépend-il donc? Y a-t-il ici un autre pouvoir que vous? — Hélas! oui, *Alteza*. — Et lequel? — Mon armée.

L'air caressant et rusé avec lequel Biassou éludait les questions hautaines et franches de Pierrot annonçait qu'il était déterminé à n'accorder à l'autre que les respects auxquels il paraissait obligé. — Comment! s'écria Pierrot, votre armée! Et ne la commandez-vous pas? Biassou, conservant son avantage, sans quitter pourtant son attitude d'infériorité, répondit avec une apparence de sincérité :— *Su Alteza* pense-t-elle que l'on puisse réellement commander à des hommes qui ne se révoltent que pour ne pas obéir?

J'attachais trop peu de prix à la vie pour rompre le silence; mais ce que j'avais vu la veille de l'autorité illimitée de Biassou sur ces bandes aurait pu me fournir l'occasion de le démentir et de montrer à nu sa duplicité. Pierrot lui répliqua : — Eh bien! si vous ne savez pas commander à votre armée, et si vos soldats sont vos chefs, quels motifs de haine peuvent-ils avoir contre ce prisonnier? — Bouckmann vient d'être tué par les troupes du gouvernement, dit Biassou en composant tristement son visage féroce et railleur; les miens ont résolu de venger sur ce blanc la mort du chef des nègres marrons de la Jamaïque; ils veulent opposer trophée à trophée, et que la tête de ce jeune officier serve de contre-poids à la tête de Bouckmann dans la balance où le *bon Giu* pèse les deux partis. — Comment avez-vous pu, dit Pierrot, adhérer à ces horribles représailles? Ecoutez-moi, Jean Biassou : ce sont ces cruautés qui perdront notre juste cause. Prisonnier au camp des blancs, d'où j'ai réussi à m'échapper, j'ignorais la mort de Bouckmann, que vous m'apprenez. C'est un juste châtiment du ciel pour ses crimes. Je vais vous apprendre une autre nouvelle : Jeannot, ce même chef des

noirs qui avait servi de guide aux blancs pour les attirer
dans l'embuscade de Dompte-Mulâtre, Jeannot vient aussi
de mourir. Vous savez, ne m'interrompez pas, Biassou,
qu'il rivalisait d'atrocité avec Bouckmann et vous ; or, faites attention à ceci, ce n'est point la foudre du ciel, ce ne
sont point les blancs qui l'ont frappé : c'est Jean-François
lui-même qui a fait cet acte de justice. Biassou, qui écoutait avec un sombre respect, fit une exclamation de surprise. En ce moment Rigaud entra, salua profondément
Pierrot, et parla bas à l'oreille du généralissime On entendait au dehors une grande agitation dans le camp.
Pierrot continuait :

—..... Oui, Jean-François, qui n'a d'autre défaut qu'un
luxe funeste, et l'étalage ridicule de cette voiture à six
chevaux qui le mène chaque jour de son camp à la messe
du curé de la Grande-Rivière, Jean-François a puni les
fureurs de Jeannot. Malgré les lâches prières du brigand,
quoiqu'à son dernier moment il se soit cramponné au curé
de la Marmelade, chargé de l'exhorter, avec tant de terreur qu'on a dù l'arracher de force, le monstre a été fusillé hier, au pied même de l'arbre armé de crochets de
fer auxquels il suspendait ses victimes vivantes. Biassou,
méditez cet exemple ! Pourquoi ces massacres qui contrai-
gnent les blancs à la férocité ? Pourquoi encore user de
jongleries afin d'exciter la fureur de nos malheureux camarades, déjà trop exaspérés ? Il y a au Trou-Coffi un charlatan mulâtre, nommé Romaine la Prophétesse, qui fana-
tise une bande de noirs : il profane la sainte messe ; il
leur persuade qu'il est en rapport avec la Vierge, dont il
écoute les prétendus oracles en mettant sa tête dans le tabernacle ; et il pousse ses camarades au meurtre et au pillage au nom de Marie !...

Il y avait peut-être une expression plus tendre encore
que la vénération religieuse dans la manière dont Pierrot

prononça ce nom. Je ne sais comment cela se fit, mais je m'en sentis offensé et irrité. — ..... Eh bien! poursuivit l'esclave, vous avez dans votre camp je ne sais quel obi, je ne sais quel jongleur comme ce Romaine la Prophétesse! Je n'ignore point qu'ayant à conduire une armée composée d'hommes de tous pays, de toutes familles, de toutes couleurs, un lien commun vous est nécessaire; mais ne pouvez-vous le trouver autre part que dans un fanatisme féroce et des superstitions ridicules? Croyez-moi, Biassou, les blancs sont moins cruels que nous. J'ai vu beaucoup de planteurs défendre les jours de leur esclave : je n'ignore pas que, pour plusieurs d'entre eux, ce n'était pas sauver la vie d'un homme, mais une somme d'argent; du moins leur intérêt leur donnait une vertu. Ne soyons pas moins cléments qu'eux : c'est aussi notre intérêt. Notre cause sera-t-elle plus sainte et plus juste quand nous aurons exterminé des femmes, égorgé des enfants, torturé des vieillards, brûlé des colons dans leurs maisons? Ce sont là pourtant nos exploits de chaque jour. Faut-il, répondez, Biassou, que le seul vestige de notre passage soit toujours une trace de sang ou une trace de feu? Il se tut. L'éclat de son regard, l'accent de sa voix, donnaient à ses paroles une force de conviction et d'autorité impossible à reproduire. Comme un renard pris par un lion, l'œil obliquement baissé de Biassou semblait chercher par quelle ruse il pourrait échapper à tant de puissance. Pendant qu'il méditait, le chef de la bande des Cayes, ce même Rigaud qui la veille avait vu d'un front tranquille tant d'horreurs se commettre devant lui, paraissait s'indigner des attentats dont Pierrot avait tracé le tableau, et s'écriait avec une hypocrite consternation : — Eh! mon bon Dieu! qu'est-ce que c'est qu'un peuple en fureur!

XLIII

Cependant la rumeur extérieure s'accroissait et paraissait inquiéter Biassou. J'ai appris plus tard que cette rumeur provenait des nègres du Morne-Rouge, qui parcouraient le camp en annonçant le retour de mon libérateur, et exprimaient l'intention de le seconder, quel que fût le motif pour lequel il s'était rendu près de Biassou. Rigaud venait d'informer le généralissime de cette circonstance; et c'est la crainte d'une scission funeste qui détermina le chef rusé à l'espèce de concession qu'il fit aux désirs de Pierrot. — *Alteza*, dit-il avec un air de dépit, si nous sommes sévères pour les blancs, vous êtes sévère pour nous. Vous avez tort de m'accuser de la violence du torrent : il m'entraîne. Mais enfin *¿qué podria hacer ahora* (1) qui vous fût agréable? — Je vous l'ai déjà dit, *señor* Biassou, répondit Pierrot : laissez-moi emmener ce prisonnier. Biassou demeura un moment pensif, puis s'écria, donnant à l'expression de ses traits le plus de franchise qu'il put : — Allons, *Alteza*, je veux vous prouver quel est mon désir de vous plaire. Permettez-moi seulement de dire deux mots en secret au prisonnier; il sera libre ensuite de vous suivre. — Vraiment, qu'à cela ne tienne, répondit Pierrot. Et son visage, jusqu'alors fier et mécontent, rayonnait de joie. Il s'éloigna de quelques pas.

Biassou m'entraîna dans un coin de la grotte, et me dit à voix basse : — Je ne puis t'accorder la vie qu'à une condition; tu la connais, y souscris-tu? Il me montrait la dépêche de Jean-François. Un consentement m'eût paru une bassesse. — Non! lui dis-je. — Ah! reprit-il avec son rica-

(1) Que pourrais-je faire maintenant?

nement. Toujours aussi décidé! Tu comptes donc beaucoup sur ton protecteur? Sais-tu qui il est?— Oui, lui répliquai-je vivement; c'est un monstre comme toi, seulement plus hypocrite encore! Il se redressa avec étonnement, et, cherchant à deviner dans mes yeux si je parlais sérieusement : — Comment! dit-il, tu ne le connais donc pas? Je répondis avec dédain : — Je ne reconnais en lui qu'un esclave de mon oncle, nommé Pierrot. Biassou se remit à ricaner. — Ah! ah! Voilà qui est singulier! Il demande ta vie et ta liberté, et tu l'appelles « un monstre comme moi! » — Que m'importe! répondis-je. Si j'obtenais un moment de liberté, ce ne serait pas pour lui demander ma vie, mais la sienne! — Qu'est-ce que cela? dit Biassou. Tu parais pourtant parler comme tu penses, et je ne suppose pas que tu veuilles plaisanter avec ta vie. Il y a là-dessous quelque chose que je ne comprends pas. Tu es protégé par un homme que tu hais; il plaide pour ta vie, et tu veux sa mort! Au reste, cela m'est égal à moi. Tu désires un moment de liberté, c'est la seule chose que je puisse t'accorder; je te laisserai libre de le suivre : donne-moi seulement d'abord ta parole d'honneur de venir te remettre dans mes mains deux heures avant le coucher du soleil. — Tu es Français, n'est-ce pas?

Vous le dirai-je, messieurs? la vie m'était à charge; je répugnais d'ailleurs à la recevoir de ce Pierrot, que tant d'apparences désignaient à ma haine; je ne sais pas si même il n'entra pas dans ma résolution la certitude que Biassou, qui ne lâchait pas aisément une proie, ne consentirait jamais à ma délivrance; je ne désirais réellement que quelques heures de liberté pour achever, avant de mourir, d'éclaircir le sort de ma bien-aimée Marie et le mien. La parole que Biassou, confiant en l'honneur français, me demandait, était un moyen sûr et facile d'obtenir encore un jour : je la donnai. Après m'avoir lié de la sorte,

le chef se rapprocha de Pierrot. — *Alteza,* dit-il d'un ton
obséquieux, le prisonnier blanc est à vos ordres; vous pouvez l'emmener, il est libre de vous accompagner. Je n'a-
vais jamais vu autant de bonheur dans les yeux de Pierrot.
— Merci, Biassou, s'écria-t-il en lui tendant la main,
merci! Tu viens de me rendre un service qui te fait maître
désormais de tout exiger de moi! Continue à disposer de
mes frères du Morne-Rouge jusqu'à mon retour. Il se tourna
vers moi. — Puisque tu es libre, dit-il, viens! Et il m'entraîna avec une énergie singulière. Biassou nous regarda
sortir d'un air étonné, qui perçait même à travers les démonstrations de respect dont il accompagna le départ de
mon compagnon.

XLIV

Il me tardait d'être seul avec Pierrot. Son trouble, quand
je l'avais questionné sur le sort de Marie, l'insolente tendresse avec laquelle il osait prononcer son nom, avaient encore enraciné les sentiments d'exécration et de jalousie qui
germèrent en mon cœur au moment où je le vis enlever à travers l'incendie du fort Galifet celle que je pouvais à peine
appeler mon épouse. Que m'importait, après cela, les re-
proches généreux qu'il avait adressés devant moi au sanguinaire Biassou, les soins qu'il avait pris de ma vie, et même
cette empreinte extraordinaire qui marquait toutes ses paroles et toutes ses actions? Que m'importait ce mystère
qui semblait l'envelopper; qui le faisait apparaître vivant
à mes yeux quand je croyais avoir assisté à sa mort; qui
me le montrait captif chez les blancs quand je l'avais vu
s'ensevelir dans la Grande-Rivière; qui changeait l'esclave
en altesse, le prisonnier en libérateur? De toutes ces choses
incompréhensibles, la seule qui fût claire pour moi, c'était

le rapt odieux de Marie, un outrage à venger, un crime à
punir. Ce qui s'était déjà passé d'étrange sous mes yeux
suffisait à peine pour me faire suspendre mon jugement,
et j'attendais avec impatience l'instant où je pourrais contraindre mon rival à s'expliquer. Ce moment vint enfin.
Nous avions traversé les triples haies de noirs prosternés
sur notre passage, et s'écriant avec surprise : *Miraculo!*
yo no esta prisionero (1)! J'ignore si c'est de moi ou de
Pierrot qu'ils voulaient parler. Nous avions franchi les dernières limites du camp; nous avions perdu de vue derrière
les arbres et les rochers les dernières vedettes de Biassou :
Rask, joyeux, nous devançait, puis revenait à nous; Pierrot marchait avec rapidité : je l'arrêtai brusquement. —
Ecoute, lui dis-je, il est inutile d'aller plus loin. Les oreilles que tu craignais ne peuvent plus nous entendre : parle,
qu'as-tu fait de Marie?

Une émotion concentrée faisait haleter ma voix. Il me
regarda avec douceur. — Toujours! me répondit-il. —
Oui, toujours! m'écriai-je furieux, toujours! Je te ferai
cette question jusqu'à ton dernier souffle, jusqu'à mon dernier soupir : où est Marie? — Rien ne peut donc dissiper
tes doutes sur ma foi? Tu le sauras bientôt. — Bientôt,
monstre! répliquai-je. C'est maintenant que je veux le savoir. Où est Marie? où est Marie? entends-tu! Réponds, ou
échange ta vie contre la mienne! Défends-toi! — Je t'ai
déjà dit, reprit-il avec tristesse, que cela ne se pouvait pas.
Le torrent ne lutte pas contre sa source; ma vie, que tu as
sauvée trois fois, ne peut combattre contre ta vie. Je le
voudrais d'ailleurs, que la chose serait encore impossible.
Nous n'avons qu'un poignard pour nous deux. En parlant
ainsi il tira un poignard de sa ceinture, et me le présenta.
— Tiens, dit-il.

(1) Miracle! il n'est déjà plus prisonnier!

J'étais hors de moi. Je saisis le poignard et le fis briller sur sa poitrine. Il ne songeait pas à s'y soustraire. — Misérable, lui dis-je, ne me force point à un assassinat. Je te plonge cette lame dans le cœur si tu ne me dis pas où est ma femme à l'instant. Il me répondit sans colère : — Tu es le maître. Mais, je t'en prie à mains jointes, laisse-moi encore une heure de vie, et suis-moi. Tu doutes de celui qui te doit trois vies, de celui que tu nommais ton frère; mais écoute, si dans une heure tu en doutes encore, tu seras libre de me tuer. Il sera toujours temps. Tu vois bien que je ne veux pas te résister. Je t'en conjure au nom même de *Maria*..... Il ajouta péniblement : de ta femme. — Encore une heure; et si je te supplie ainsi, va, ce n'est pas pour moi, c'est pour toi! Son accent avait une expression ineffable de persuasion et de douleur. Quelque chose sembla m'avertir qu'il disait peut-être vrai, que l'intérêt seul de sa vie ne suffirait pas pour donner à sa voix cette tendresse pénétrante, cette suppliante douceur, et qu'il plaidait pour plus que lui-même. Je cédais encore une fois à cet ascendant secret qu'il exerçait sur moi, et qu'en ce moment je rougissais de m'avouer. — Allons, dis-je, je t'accorde ce sursis d'une heure; je te suivrai. Je voulus lui rendre le poignard. — Non, répondit-il, garde-le, tu te défies de moi. Mais viens, ne perdons pas de temps.

XLV

Il recommença à me conduire. Rask, qui, pendant notre entretien, avait fréquemment essayé de se remettre en marche, puis était revenu chaque fois vers nous, nous demandant en quelque sorte du regard pourquoi nous nous arrêtions, Rask reprit joyeusement sa course. Nous nous enfonçâmes dans une forêt vierge. Au bout d'une demi-heure environ, nous débouchâmes sur une jolie savane verte, arrosée d'une eau de roche et bordée par la lisière fraîche et profonde des grands arbres centenaires de la forêt. Une caverne, dont une multitude de plantes grimpantes, la clématite, la liane, le jasmin, verdissaient le front grisâtre, s'ouvrait sur la savane. Rask allait aboyer, Pierrot le fit taire d'un signe, et, sans dire une parole, m'entraîna par la main dans la caverne. Une femme, le dos tourné à la lumière, était assise dans cette grotte sur un tapis de sparterie. Au bruit de nos pas, elle se retourna... — Mes amis, c'était Marie! Elle était vêtue d'une robe blanche, comme le jour de notre union, et portait encore dans ses cheveux la couronne de fleurs d'oranger, dernière parure virginale de la jeune épouse, que mes mains n'avaient pas détachée de son front. Elle m'aperçut, me reconnut, jeta un cri et tomba dans mes bras mourante de joie et de surprise. J'étais éperdu.

À ce cri, une vieille femme qui portait un enfant dans ses bras accourut d'une dernière chambre pratiquée dans un enfoncement de la caverne. C'était la nourrice de Marie et le dernier enfant de mon malheureux oncle. Pierrot était allé chercher de l'eau à la source voisine. Il en jeta quelques gouttes sur le visage de Marie. Leur fraîcheur rappela la vie; elle ouvrit les yeux. — Léopold, dit-elle, mon Léopold! — Marie! répondis-je. Et le reste de nos paroles s'acheva dans un baiser. — Pas devant moi au moins! s'écria une voix déchirante. Nous levâmes les yeux : c'était Pierrot. Il était là, assistant à nos caresses comme à un supplice. Son sein gonflé haletait, une sueur glacée tombait à grosses gouttes de son front. Tous ses membres tremblaient. Tout à coup il cacha son visage de ses deux mains, et s'enfuit hors de la grotte en répétant avec un accent terrible : — Pas devant moi! Marie se souleva de mes bras à demi, et s'écria en le suivant des yeux : — Grand

Dieu! mon Léopold, notre amour paraît lui faire mal. Est-ce qu'il m'aimerait?

Le cri de l'esclave m'avait prouvé qu'il était mon rival; l'exclamation de Marie me prouvait qu'il était aussi mon ami. — Marie! répondis-je, et une félicité inouïe entra dans mon cœur en même temps qu'un mortel regret, Marie! est-ce que tu l'ignorais? — Mais je l'ignore encore, me dit-elle avec une chaste rougeur. Comment! il m'aime! Je ne m'en étais jamais aperçue. Je la pressai sur mon cœur avec ivresse. — Je retrouve ma femme et mon ami! m'écriai-je; que je suis heureux et que je suis coupable! J'avais douté de lui. — Comment! reprit Marie étonnée, de lui! de Pierrot! Oh! oui, tu es bien coupable. Tu lui dois deux fois ma vie, et peut-être plus encore, ajouta-t-elle en baissant les yeux. Sans lui le crocodile de la rivière m'aurait dévorée; sans lui les nègres..... C'est Pierrot qui m'a arrachée de leurs mains, au moment où ils allaient sans doute me rejoindre à mon malheureux père! Elle s'interrompit et pleura. — Et pourquoi, lui demandai-je, Pierrot ne t'a-t-il pas renvoyée au Cap, à ton mari? — Il l'a tenté, répondit-elle, mais ne l'a pu. Obligé de se cacher également des noirs et des blancs, cela lui était fort difficile. Et puis, on ignorait ce que tu étais devenu. Quelques-uns disaient t'avoir vu tomber mort, mais Pierrot m'assurait que non, et j'étais bien certaine du contraire, car quelque chose m'en aurait avertie; et, si tu étais mort, je serais morte aussi en même temps. — Pierrot, lui dis-je, t'a donc amenée ici? — Oui, mon Léopold; cette grotte isolée est connue de lui seul. Il avait sauvé en même temps que moi tout ce qui restait de la famille, ma bonne nourrice et mon petit frère; il nous y a cachés. Je t'assure qu'elle est bien commode; et sans la guerre, qui fouille tout le pays, maintenant que nous sommes ruinés, j'aimerais à l'habiter avec toi. Pierrot pourvoyait à tous nos besoins. Il venait sou-

vent; il avait une plume rouge sur la tête. Il me consolait,
me parlait de toi, m'assurait que je te serais rendue. Cependant, ne l'ayant pas vu depuis trois jours, je commençais à m'inquiéter lorsqu'il est revenu avec toi. Ce pauvre
ami, il a donc été te chercher? — Oui, lui répondis-je. —
Mais comment se fait-il avec cela, reprit-elle, qu'il soit
amoureux de moi? En es-tu sûr? — Sûr maintenant, lui
dis-je. C'est lui qui, sur le point de me poignarder, s'est
laissé fléchir par la crainte de t'affliger; c'est lui qui te
chantait ces chansons d'amour dans le pavillon de la ri-
viére. — Vraiment! reprit Marie avec une naïve surprise,
c'est ton rival! Le méchant homme aux soucis est ce bon
Pierrot! Je ne puis croire cela. Il était avec moi si humble, si respectueux! plus que lorsqu'il était notre esclave!
Il est vrai qu'il me regardait quelquefois d'un air singulier;
mais ce n'était que de la tristesse, et je l'attribuais à mon
malheur. Si tu savais avec quel dévouement passionné il
m'entretenait de mon Léopold! Son amitié parlait de toi
presque comme mon amour.

Ces explications de Marie m'enchantaient et me déso-
laient à la fois. Je me rappelais avec quelle cruauté j'avais
traité ce généreux Pierrot, et je sentais toute la force de
son reproche tendre et résigné : — *Ce n'est pas moi qui
suis ingrat.* En ce moment Pierrot rentra. Sa physionomie
était sombre et douloureuse. On aurait dit un condamné
qui revient de la torture, mais qui en a triomphé. Il s'avança
vers moi à pas lents, et me dit d'une voix grave, en me
montrant le poignard que j'avais placé dans ma ceinture :
— L'heure est écoulée. — L'heure! Quelle heure? lui dis-je.
— Celle que tu m'avais accordée; elle m'était nécessaire
pour te conduire ici. Je t'ai supplié alors de me laisser la
vie, maintenant je te conjure de me l'ôter. Les sentiments
les plus doux du cœur, l'amour, l'amitié, la reconnaissance, s'unissaient en ce moment pour me déchirer. Je

tombai aux pieds de l'esclave sans pouvoir dire un mot, en
sanglotant amèrement. Il me releva avec précipitation. —
Que fais-tu? me dit-il. — Je te rends l'hommage que je te
dois, je ne suis plus digne d'une amitié comme la tienne.
Ta reconnaissance ne peut aller jusqu'à me pardonner mon
ingratitude. Sa figure eut quelque temps encore une expression de rudesse; il paraissait éprouver de violents combats; il fit un pas vers moi et recula, il ouvrit la bouche et
se tut. Ce moment fut de courte durée; il m'ouvrit ses bras
en disant : — Puis-je à présent t'appeler frère? Je ne lui
répondis qu'en me jetant sur son cœur. Il ajouta après une
légère pause : — Tu es bon, mais le malheur t'avait rendu
injuste. — J'ai retrouvé mon frère, lui dis-je, je ne suis
plus malheureux, mais je suis bien coupable. — Coupable,
frère! Je l'ai été aussi, et plus que toi. Tu n'es plus malheureux; moi, je le serai toujours.

XLVI

La joie que les premiers transports de l'amitié avaient
fait briller sur son visage s'évanouit; ses traits prirent une
expression de tristesse singulière et énergique. — Ecoute,
me dit-il d'un ton froid, mon père était roi au pays de Kakongo. Il rendait la justice à ses sujets devant sa porte, et,
à chaque jugement qu'il portait, il buvait, suivant l'usage
des rois, une pleine coupe de vin de palmier. Nous vivions
heureux et puissants. Des Européens vinrent; ils me don-
nèrent ces connaissances futiles qui t'ont frappé. Leur chef
était un capitaine espagnol; il promit à mon père des pays
plus vastes que les siens, et des femmes blanches : mon
père le suivit avec sa famille... — Frère, ils nous vendirent!
La poitrine du noir se gonfla, ses yeux étincelaient; il
brisa machinalement un jeune néflier qui se trouvait près

de lui; puis il continua sans paraître s'adresser à moi : —
Le maître du pays de Kakongo eut un maître, et son fils
se courba en esclave sur les sillons de Santo-Domingo. —
On sépara le jeune lion de son vieux père pour les dompter plus aisément. — On enleva la jeune épouse à son
époux pour en tirer plus de profit en les unissant là à d'autres.—Les petits enfants cherchèrent la mère qui les avait
nourris, le père qui les baignait dans les torrents; ils ne
trouvèrent que des tyrans barbares, et couchèrent parmi
les chiens !

Il se tut : ses lèvres remuaient sans qu'il parlât, son regard était fixe et égaré. Il me saisit enfin le bras brusquement. — Frère, entends-tu? J'ai été vendu à différents
maîtres comme une pièce de bétail. — Tu te souviens du
supplice d'Ogé; ce jour-là j'ai revu mon père, écoute : —
c'était sur la roue! Je frémis. Il ajouta : — Ma femme a
été prostituée à des blancs. Ecoute, frère : elle est morte
et m'a demandé vengeance. Te le dirai-je? continua-t-il en
hésitant et en baissant les yeux; j'ai été coupable, j'en ai
aimé une autre... Mais passons! Tous les miens me pres-
saient de les délivrer et de me venger. Rask m'apportait
leurs messages. Je ne pouvais les satisfaire, j'étais moi-
même dans les prisons de ton oncle. Le jour où tu obtins
ma grâce, je partis pour arracher mes enfants des mains
d'un maître féroce; j'arrivai. — Frère, le dernier des pe-
tits-fils du roi de Kakongo venait d'expirer sous les coups
d'un blanc! les autres l'avaient précédé. Il s'interrompit et
me demanda froidement : — Frère, qu'aurais-tu fait?

Ce déplorable récit m'avait glacé d'horreur. Je répondis
à sa question par un geste menaçant. Il me comprit et se
mit à sourire avec amertume. Il poursuivit : — Les esclaves se révoltèrent contre leurs maîtres, et les punirent du
meurtre de mes enfants. Ils m'élurent pour leur chef. Tu
sais les malheurs qu'entraîna cette rébellion. J'appris que

ceux de ton oncle se préparaient à suivre le même exemple. J'arrivai dans l'Acul la nuit même de l'insurrection.
Tu étais absent. Ton oncle venait d'être poignardé dans
son lit. Les noirs incendiaient déjà les plantations. Ne
pouvant calmer leur fureur, parce qu'ils croyaient me venger en brûlant les propriétés de ton oncle, je dus sauver
ce qui restait de ta famille. Je pénétrai dans le fort par
l'issue que j'y avais pratiquée. Je confiai la nourrice de ta
femme à un noir fidèle. J'eus plus de peine à sauver ta
Maria. Elle avait couru vers la partie embrasée du fort
pour en tirer le plus jeune de ses frères, seul échappé au
massacre. Des noirs l'entouraient; ils allaient la tuer. Je
me présentai et leur ordonnai de me laisser me venger
moi-même. Ils se retirèrent; je pris ta femme dans mes
bras, je confiai l'enfant à Rask, et je les déposai tous deux
dans cette caverne, dont je connaissais seul l'existence et
l'accès... Frère, voilà mon crime. De plus en plus pénétré
de remords et de reconnaissance, je voulus me jeter encore
une fois aux pieds de Pierrot; il m'arrêta d'un air offensé.
— Allons, viens, dit-il un moment après en me prenant la
main, emmène ta femme et partons tous les cinq. Je lui
demandai avec surprise où il voulait nous conduire. — Au
camp des blancs, me répondit-il. Cette retraite n'est plus
sûre. Demain, à la pointe du jour, les blancs doivent attaquer le camp de Biassou; la forêt sera certainement incendiée. Et puis nous n'avons pas un moment à perdre; dix
têtes répondent de la mienne. Nous pouvons nous hâter,
car tu es libre; nous le devons, car je ne le suis pas. Ces
paroles accrurent ma surprise; je lui en demandai l'explication. — N'as-tu pas entendu raconter que Bug-Jargal
était prisonnier? dit-il avec impatience.—Oui, mais qu'as-
tu de commun avec ce Bug-Jargal? Il parut à son tour
étonné, et répondit gravement : — Je suis ce Bug-Jargal.

XLVII

J'étais habitué, pour ainsi dire, à la surprise avec cet homme. Ce n'était pas sans étonnement que je venais de voir un instant auparavant l'esclave Pierrot se transformer en roi africain. Mon admiration était au comble d'avoir maintenant à reconnaître en lui le redoutable et magnanime Bug-Jargal, chef des révoltés du Morne-Rouge. Je comprenais enfin d'où venaient les respects que rendaient tous les rebelles, et même Biassou, au chef Bug-Jargal, au roi de Kakongo. Il ne parut pas s'apercevoir de l'impression qu'avaient produite sur moi ses dernières paroles. — L'on m'avait dit, reprit-il, que tu étais de ton côté prisonnier au camp de Biassou; j'étais venu pour te délivrer. — Pourquoi me disais-tu donc tout à l'heure que tu n'étais pas libre? Il me regarda, comme cherchant à deviner ce qui amenait cette question toute naturelle. — Ecoute, me dit-il, ce matin j'étais prisonnier parmi les tiens. J'entendis annoncer dans le camp que Biassou avait déclaré son intention de faire mourir avant le coucher du soleil un jeune captif nommé Léopold d'Auverney. On renforça les gardes autour de moi. J'appris que mon exécution suivrait la tienne, et qu'en cas d'évasion dix de mes camarades répondraient de moi. Tu vois que je suis pressé. Je le retins encore. — Tu t'es donc échappé? lui dis-je. — Et comment serais-je ici? Ne fallait-il pas te sauver? Ne te dois-je pas la vie? Allons, suis-moi maintenant. Nous sommes à une heure de marche du camp des blancs comme du camp de Biassou. Vois, l'ombre de ces cocotiers s'allonge, et leur tête ronde paraît sur l'herbe comme l'œuf énorme du condor. Dans trois heures le soleil sera couché. Viens, frère, le temps presse.

Dans trois heures le soleil sera couché! Ces paroles si simples me glacèrent comme une apparition funèbre. Elles me rappelèrent la promesse fatale que j'avais faite à Biassou. Hélas! en revoyant Marie, je n'avais plus pensé à notre séparation éternelle et prochaine; je n'avais été que ravi et enivré; tant d'émotions m'avaient enlevé la mémoire, et j'avais oublié ma mort dans mon bonheur. Le mot de mon ami me rejeta violemment dans mon infortune. *Dans trois heures le soleil sera couché!* Il fallait une heure pour me rendre au camp de Biassou... Mon devoir était impérieusement prescrit; le brigand avait ma parole, et il valait mieux encore mourir que de donner à ce barbare le droit de mépriser la seule chose à laquelle il parût se fier encore, l'honneur d'un Français. L'alternative était terrible; je choisis ce que je devais choisir; mais, je l'avouerai, messieurs, j'hésitai un moment. Etais-je coupable?

XLVIII

Enfin, poussant un soupir, je pris d'une main la main de Bug-Jargal, de l'autre celle de ma pauvre Marie, qui observait avec anxiété le nuage sinistre répandu sur tous mes traits. — Bug-Jargal, dis-je avec effort, je te confie le seul être au monde que j'aime plus que toi, Marie... Retournez au camp sans moi, car je ne puis vous suivre. — Mon Dieu! s'écria Marie respirant à peine, quelque nouveau malheur! Bug-Jargal avait tressailli. Un étonnement douloureux se peignait dans ses yeux. — Frère, que dis-tu? La terreur qui oppressait Marie à la seule idée d'un malheur que sa trop prévoyante tendresse semblait deviner me faisait une loi de lui en cacher la réalité, et de lui épargner des adieux si déchirants; je me penchai à l'oreille de Bug-Jargal et lui dis à voix basse : — Je suis captif. J'ai juré à Biassou de revenir me mettre en son pouvoir deux heures avant la fin du jour : j'ai promis de mourir.

Il bondit de fureur : sa voix devint éclatante. — Le monstre ! Voilà pourquoi il a voulu t'entretenir secrètement ; c'était pour t'arracher cette promesse. J'aurais dû me défier de ce misérable Biassou. Comment n'ai-je pas prévu quelque perfidie ? Ce n'est pas un noir, c'est un mulâtre. — Qu'est-ce donc ? quelle perfidie ? Quelle promesse ? dit Marie épouvantée ; qui est ce Biassou ? — Tais-toi, tais-toi, répétai-je à Bug-Jargal, n'alarmons pas Marie. — Bien, me dit-il d'un ton sombre. Mais comment as-tu pu consentir à cette promesse ? pourquoi l'as-tu donnée ? — Je te croyais ingrat, je croyais Marie perdue pour moi. Que m'importait la vie ? — Mais une promesse de bouche ne peut t'engager avec ce brigand. — J'ai donné ma parole d'honneur.

Il parut chercher à comprendre ce que je voulais dire. — Ta parole d'honneur ! Qu'est-ce que cela ? Vous n'avez pas bu à la même coupe ? Vous n'avez pas rompu ensemble un anneau ou une branche d'érable à fleurs rouges ? — Non. — Eh bien ! que nous dis-tu donc ? Qu'est-ce qui peut t'engager ? — Mon honneur, répondis-je. — Je ne sais pas ce que cela signifie. Rien ne te lie avec Biassou. Viens avec nous. — Je ne puis, frère, j'ai promis. — Non ! tu n'as pas promis, s'écria-t-il avec emportement ; puis, élevant la voix : — Sœur, joignez-vous à moi, empêchez votre mari de nous quitter ; il veut retourner au camp des nègres d'où je l'ai tiré, sous prétexte qu'il a promis sa mort à leur chef, à Biassou. — Qu'as-tu fait ? m'écriai-je. Il était trop tard pour prévenir l'effet de ce mouvement généreux qui lui faisait implorer pour la vie de son rival l'auxiliaire de celle qu'il aimait. Marie s'était jetée dans mes bras avec un cri de désespoir. Ses mains jointes autour de mon cou la suspendaient sur mon cœur, car elle était sans force et presque sans haleine. — Oh! murmurait-elle péniblement, que dit-il là, mon Léopold? N'est-il pas vrai qu'il me trompe, et que ce n'est pas au moment qui vient de nous réunir que tu veux me quitter, et me quitter pour mourir? Réponds-moi vite ou je meurs. Tu n'as pas le droit de donner ta vie, parce que tu ne dois pas donner la mienne. Tu ne voudrais pas te séparer de moi pour ne me revoir jamais. — Marie, repris-je, ne le crois pas; je vais te quitter en effet: il le faut; mais nous nous reverrons ailleurs. — Ailleurs, reprit-elle avec effroi; ailleurs! où?... — Dans le ciel, répondis-je, ne pouvant mentir à cet ange.

Elle s'évanouit encore une fois, mais alors c'était de douleur. L'heure pressait; ma résolution était prise. Je la déposai entre les bras de Bug-Jargal, dont les yeux étaient pleins de larmes. — Rien ne peut donc te retenir? me dit-il. Je n'ajouterai rien à ce que tu vois. Comment peux-tu résister à *Maria?* Pour une seule des paroles qu'elle t'a dites, je lui aurais sacrifié un monde, et toi tu ne veux pas lui sacrifier ta mort? — L'honneur! répondis-je. Adieu, Bug-Jargal; adieu, frère, je te la lègue. Il me prit la main; il était pensif, et semblait à peine m'entendre.— Frère, il y a au camp des blancs un de tes parents, je lui remettrai *Maria;* quant à moi, je ne puis accepter ton legs. Il me montra un pic dont le sommet dominait toute la contrée environnante.—Vois ce rocher : quand le signe de ta mort y apparaîtra, le bruit de la mienne ne tardera pas à se faire entendre. — Adieu. Sans m'arrêter au sens inconnu de ces dernières paroles, je l'embrassai; je déposai un baiser sur le front pâle de Marie, que les soins de sa nourrice commençaient à ranimer, et je m'enfuis précipitamment, de peur que son premier regard, sa première plainte, ne m'enlevassent toute ma force.

XLIX

Je m'enfuis, je me plongeai dans la profonde forêt en suivant la trace que nous y avions laissée, sans même oser jeter un coup d'œil derrière moi. Comme pour étourdir les pensées qui m'obsédaient, je courus sans relâche à travers les taillis, les savanes et les collines, jusqu'à ce qu'enfin, à la crête d'une roche, le camp de Biassou, avec ses lignes de cabrouets, ses rangées d'ajoupas et sa fourmilière de noirs, apparût sous mes yeux. Là je m'arrêtai. Je touchais au terme de ma course et de mon existence. La fatigue et l'émotion rompirent mes forces; je m'appuyai contre un arbre pour ne pas tomber, et je laissai errer mes yeux sur le tableau qui se développait à mes pieds dans la fatale savane. Jusqu'à ce moment je croyais avoir goûté toutes les coupes d'amertume et de fiel. Je ne connaissais pas le plus cruel de tous les malheurs; c'est d'être contraint par une force morale, plus puissante que celle des événements, à renoncer volontairement, heureux, au bonheur, vivant, à la vie. Quelques heures auparavant, que m'importait d'être au monde? Je ne vivais pas; l'extrême désespoir est une espèce de mort qui fait désirer la véritable. Mais j'avais été tiré de ce désespoir; Marie m'avait été rendue; ma félicité morte avait été pour ainsi dire ressuscitée; mon passé était redevenu mon avenir, et tous mes rêves éclipsés avaient reparu plus éblouissants que jamais; la vie enfin, une vie de jeunesse, d'amour et d'enchantement, s'était de nouveau déployée radieuse devant moi dans un immense horizon. Cette vie, je pouvais la recommencer; tout m'y invitait en moi et hors de moi. Nul obstacle matériel, nulle entrave visible. J'étais libre, j'étais heureux, et pourtant il fallait mourir. Je n'avais fait qu'un pas dans

cet Eden, et je ne sais quel devoir, qui n'était pas même
éclatant, me forçait à reculer vers un supplice. La mort
est peu de chose pour une âme flétrie et durcie, glacée
par l'adversité; mais que sa main est poignante, qu'elle
semble froide, quand elle tombe sur un cœur épanoui et
comme réchauffé par les joies de l'existence! Je l'éprouvais! j'étais sorti un moment du sépulcre; j'avais été enivré dans ce court moment de ce qu'il y a de plus céleste
sur la terre, l'amour, le dévouement, la liberté; et maintenant il fallait brusquement redescendre au tombeau!

L

Quand l'affaissement du regret fut passé, une sorte de
rage s'empara de moi; je m'enfonçai à grands pas dans la
vallée; je sentais le besoin d'abréger. Je me présentai aux
avant-postes des nègres. Ils parurent surpris et refusaient
de m'admettre. Chose bizarre! je fus contraint presque
de les prier. Deux d'entre eux enfin s'emparèrent de moi,
et se chargèrent de me conduire à Biassou. J'entrai dans la
grotte de ce chef. Il était occupé à faire jouer les ressorts
de quelques instruments de torture dont il était entouré.
Au bruit que firent ses gardes en m'introduisant, il tourna
la tête; ma présence ne parut pas l'étonner. — Vois-tu?
dit-il en m'étalant l'appareil horrible qui l'environnait. Je
demeurai calme; je connaissais la cruauté du *héros de
l'humanité*, et j'étais déterminé à tout endurer sans pâlir.
—N'est-ce pas, reprit-il en ricanant, n'est-ce pas que Léogri a été bien heureux de n'être que pendu? Je le regardai
sans répondre, avec un froid dédain.—Faites avertir monsieur le chapelain, dit-il alors à un aide de camp. Nous
restâmes un moment tous deux silencieux, nous regardant
en face. Je l'observais; il m'épiait. En ce moment Rigaud

entra ; il paraissait agité, et parla bas au généralissime. —
Qu'on rassemble tous les chefs de mon armée, dit tranquillement Biassou. Un quart d'heure après, tous les chefs,
avec leurs costumes diversement bizarres, étaient réunis
devant la grotte. Biassou se leva. — Ecoutez, *amigos !* les
blancs comptent nous attaquer ici, demain au point du
jour. La position est mauvaise ; il faut la quitter. Mettons-
nous tous en marche au coucher du soleil, et gagnons la
frontière espagnole. — Macaya, vous formerez l'avant-garde
avec vos noirs marrons. — Padrejan, vous enclouerez les
pièces prises à l'artillerie de Praloto ; elles ne pourraient
nous suivre dans les mornes. Les braves de la Croix-des-
Bouquets s'ébranleront après Macaya. — Toussaint suivra
avec les noirs de Léogane et du Trou. — Si les griots et
les griotes font le moindre bruit, j'en charge le bourreau
de l'armée. — Le lieutenant-colonel Cloud distribuera les
fusils débarqués au cap Cabron, et conduira les sang-mêlés ci-devant libres par les sentiers de la Vista. — On égor-
gera les prisonniers, s'il en reste ; on mâchera les balles ;
on empoisonnera les flèches. Il faudra jeter trois tonnes
d'arsenic dans la source où l'on puise l'eau du camp ; les
coloniaux prendront cela pour du sucre, et boiront sans
défiance. — Les troupes du Limbé, du Dondon et de l'Acul
marcheront après Cloud et Toussaint. — Obstruez avec des
rochers toutes les avenues de la savane ; carabinez tous les
chemins ; incendiez les forêts. — Rigaud, vous resterez
près de nous. — Candi, vous rassemblerez ma garde autour de moi. — Les noirs du Morne-Rouge formeront l'ar-
rière-garde, et n'évacueront la savane qu'au soleil levant.

Il se pencha vers Rigaud, et dit à voix basse : — Ce
sont les noirs de Bug-Jargal ; s'ils pouvaient être écrasés
ici ! *Muerta la tropa, muerto el gefe* (1) ! — Allez, *her-*

_____

(1) Morte la bande, mort le chef !

manos, reprit-il en se redressant. Candi vous portera le mot d'ordre. Les chefs se retirèrent.—Général, dit Rigaud, il faudrait expédier la dépêche de Jean-François. Nous sommes mal dans nos affaires; elle pourrait arrêter les blancs. Biassou la tira précipitamment de sa poche.—Vous m'y faites penser; mais il y a tant de fautes de grammaire, comme ils disent, qu'ils en riront.— Il me présenta le papier.—Ecoute, veux-tu sauver ta vie? ma bonté le demande encore une fois à ton obstination. Aide-moi à refaire cette lettre : je te dicterai mes idées; tu écriras cela en *style blanc*. Je fis un signe de tête négatif. Il parut impatienté. — Est-ce non? me dit-il. — Non! répondis-je. Il insista. — Réfléchis bien. Et son regard semblait attirer le mien sur l'attirail de bourreau avec lequel il jouait. — C'est parce que j'ai réfléchi, repris-je, que je refuse. Tu me parais craindre pour toi et les tiens; tu comptes sur ta lettre à l'assemblée pour retarder la marche et la vengeance des blancs. Je ne veux pas d'une vie qui servirait peut-être à sauver la tienne. Fais commencer mon supplice.—Ah l ah! *muchacho !* répliqua Biassou en poussant du pied les instruments de torture, il me semble que tu te familiarises avec cela. J'en suis fâché, mais je n'ai pas le temps de t'en faire faire l'essai. Cette position est dangereuse; il faut que j'en sorte au plus vite.—Ah ! tu refuses de me servir de secrétaire ! aussi bien, tu as raison, car je ne t'en aurais pas moins fait mourir après. On ne saurait vivre avec un secret de Biassou; et puis, mon cher, j'avais promis ta mort à monsieur le chapelain. Il se tourna vers l'obi, qui venait d'entrer.—*Bon per*, votre escouade est-elle prête? Celui-ci fit un signe de tête affirmatif. — Avez-vous pris pour la composer des noirs du Morne-Rouge? Ce sont les seuls de l'armée qui ne soient point encore forcés de s'occuper des apprêts du départ. L'obi répondit *oui* par un second signe.

Biassou alors me montra du doigt le grand drapeau noir

que j'avais déjà remarqué, et qui figurait dans un coin de
la grotte. — Voici qui doit avertir les tiens du moment où
ils pourront donner ton épaulette à ton lieutenant. — Tu
sens que, dans cet instant-là, je dois déjà être en marche.
— A propos, tu viens de te promener, comment as-tu
trouvé les environs? — J'y ai remarqué, répondis-je froidement, assez d'arbres pour y pendre toi et toute ta bande.
— Eh bien! répliqua-t-il avec un ricanement forcé, il est
un endroit que tu n'as sans doute pas vu, et avec lequel le
bon per te fera faire connaissance. — Adieu, jeune capitaine, bonsoir à Léogri. Il me salua avec ce rire qui me
rappelait le bruit du serpent à sonnettes, fit un geste, me
tourna le dos, et les nègres m'entraînèrent. L'obi voilé
nous accompagnait, son chapelet à la main.

LI

Je marchais au milieu d'eux sans faire de résistance, il
est vrai qu'elle eût été inutile. Nous montâmes sur la
croupe d'un mont situé à l'ouest de la savane, où nous nous
reposâmes un instant; là je jetai un dernier regard sur ce
soleil couchant qui ne devait plus se lever pour moi. Mes
guides se levèrent, je les suivis. Nous descendîmes dans
une petite vallée qui m'eût enchanté dans tout autre instant. Un torrent la traversait dans sa largeur et commu-
niquait au sol une humidité féconde; ce torrent se jetait,
à l'extrémité du vallon, dans un de ces lacs bleus dont
abonde l'intérieur des mornes à Saint-Domingue. Que de
fois, dans des temps plus heureux, je m'étais assis pour rêver sur le bord de ces beaux lacs, à l'heure du crépuscule,
quand leur azur se change en une nappe d'argent où le re-
flet des premières étoiles du soir sème des paillettes d'or!
Cette heure allait bientôt venir, mais il fallait passer! Que

cette vallée me sembla belle! on y voyait des platanes à
fleurs d'érable d'une force et d'une hauteur prodigieuses;
des bouquets touffus de *mauritias*, sorte de palmier qui
exclut toute autre végétation sous son ombrage, des dattiers, des magnolias avec leurs larges calices, de grands ca-
talpas montrant leurs feuilles polies et découpées parmi
les grappes d'or des faux ébéniers. L'odier du Canada y
mêlait ses fleurs d'un jaune pâle aux auréoles bleues dont
se charge cette espèce de chèvrefeuille sauvage que les nègres nomment *coali*. Des rideaux verdoyants de lianes dé-
robaient à la vue les flancs bruns des rochers voisins. Il
s'élevait de tous les points de ce sol vierge un parfum pri-
mitif comme celui que devait respirer le premier homme
sur les premières roses de l'Eden. — Nous marchions cependant le long d'un sentier tracé sur le bord du torrent.
Je fus surpris de voir ce sentier aboutir brusquement au
pied d'un roc à pic, au bas duquel je remarquai une ouverture en forme d'arche, d'où s'échappait le torrent. Un bruit
sourd, un vent impétueux sortaient de cette arche naturelle. Les nègres prirent à gauche un chemin tortueux et
inégal, qui semblait avoir été creusé par les eaux d'un torrent desséché depuis longtemps. Une voûte se présenta, à
demi bouchée par les ronces, les houx et les épines sauvages qui y croissaient. Un bruit pareil à celui de l'arche de
la vallée se faisait entendre sous cette voûte. Les noirs
m'y entraînèrent. Au moment où je fis le premier pas dans
ce souterrain, l'obi s'approcha de moi, et me dit d'une
voix étrange : —Voici ce que j'ai à te prédire maintenant :
un de nous deux seulement sortira de cette voûte et repassera par ce chemin. — Je dédaignai de répondre. Nous
avançâmes dans l'obscurité. Le bruit devenait de plus en
plus fort; nous ne nous entendions plus marcher. Je jugeai
qu'il devait être produit par une chute d'eau : je ne me
trompais pas.

Aprés dix minutes de marche dans les ténèbres, nous arrivâmes sur une espéce de plate-forme intérieure, formée par la nature dans le centre même de la montagne. La plus grande partie de cette plate-forme demi-circulaire était inondée par le torrent qui jaillissait des veines du mont avec un bruit épouvantable. Au-dessus de cette salle souterraine, la voûte formait une sorte de dôme tapissé de lierre d'une couleur jaunâtre. Cette voûte était traversée presque dans toute sa largeur par une crevasse à travers laquelle le jour pénétrait, et dont le bord était couronné d'arbustes verts, dorés en ce moment des rayons du soleil. A l'extrémité nord de la plate-forme, le torrent se perdait avec fracas dans un gouffre au fond duquel semblait flotter, sans pouvoir y pénétrer, la vague lueur qui descendait de la crevasse. Sur l'abîme se penchait un vieil arbre, dont les plus hautes branches se mêlaient à l'écume de la cascade, et dont la souche noueuse perçait le roc, un ou deux pieds au-dessous du bord. Cet arbre, baignant ainsi à la fois dans le torrent sa tête et sa racine, qui se projetait sur ce gouffre comme un bras décharné, était si dépouillé de verdure, qu'on n'en pouvait reconnaître l'espéce. Il offrait un phénomène singulier : l'humidité qui imprégnait ses racines l'empêchait seule de mourir, tandis que la violence de la cataracte lui arrachait successivement ses branches nouvelles, et le forçait de conserver éternellement les mêmes rameaux.

LII

Les noirs s'arrêtèrent en cet endroit terrible, et je vis qu'il fallait mourir. Alors, près de ce gouffre dans lequel je me précipitais en quelque sorte volontairement, l'image du bonheur auquel j'avais renoncé peu d'heures auparavant revint m'assaillir comme un regret, presque comme un remords. Toute prière était indigne de moi; une plainte m'échappa pourtant. — Amis, dis-je aux noirs qui m'entouraient, savez-vous que c'est une triste chose que de périr à vingt ans, quand on est plein de force et de vie, qu'on est aimé de ceux qu'on aime, et qu'on laisse derrière soi des yeux qui pleureront jusqu'à ce qu'ils se ferment? Un rire horrible accueillit ma plainte. C'était celui du petit obi. Cette espèce de malin esprit, cet être impénétrable, s'approcha brusquement de moi. — Ah! ah! ah! Tu regrettes la vie. *Labado sea Dios!* Ma seule crainte, c'était que tu n'eusses pas peur de la mort! C'était cette même voix, ce même rire qui avaient déjà fatigué mes conjectures. — Misérable! lui dis-je, qui es-tu donc? — Tu vas le savoir! me répondit-il d'un accent terrible. Puis, écartant le soleil d'argent qui parait sa brune poitrine : — Regarde!

Je me penchai jusqu'à lui. Deux noms étaient gravés sur le sein velu de l'obi en lettres blanchâtres, traces hideuses et ineffaçables qu'imprimait un fer ardent sur la poitrine des esclaves. L'un de ces noms était *Effingham*, l'autre était celui de mon oncle, le mien, *d'Auverney!* Je demeurai muet de surprise. — Eh bien! Léopold d'Auverney, me demanda l'obi, ton nom te dit-il le mien? — Non, répondis-je étonné de m'entendre nommer par cet homme, et cherchant à rallier mes souvenirs. Ces deux noms ne furent jamais réunis que sur la poitrine du bouffon... Mais il est mort, le pauvre nain; et d'ailleurs il nous était attaché, lui. Tu ne peux pas être Habibrah! — Lui-même! s'écria-t-il d'une voix effrayante. Et, soulevant la sanglante *gorra*, il détacha son voile. Le visage difforme du nain de la maison s'offrit à mes yeux; mais à l'air de folle gaieté que je lui connaissais avait succédé une expression menaçante et sinistre. — Grand Dieu! m'écriai-je frappé de stupeur, tous les morts reviennent-ils? C'est Habibrah, le bouf-

fon de mon oncle ! Le nain mit la main sur son poignard,
et dit sourdement : — Son bouffon... et son meurtrier. Je
reculai avec horreur. — Son meurtrier !... Scélérat ! est-ce
donc ainsi que tu as reconnu ses bontés ? Il m'interrompit : — Ses bontés ? dis ses outrages ! — Comment ! repris-
je, c'est toi qui l'as frappé, misérable ? — Moi, répondit-il
avec une expression horrible. Je lui ai enfoncé le couteau
si profondément dans le cœur, qu'à peine a-t-il eu le
temps de sortir du sommeil pour entrer dans la mort. Il a
crié faiblement : *A moi, Habibrah !*... J'étais à lui.

Son atroce récit, son atroce sang-froid, me révoltèrent.
— Malheureux ! lâche assassin ! tu avais donc oublié les
faveurs qu'il n'accordait qu'à toi ? tu mangeais près de sa
table, tu dormais près de son lit... — Comme un chien !
interrompit brusquement Habibrah ; *como un perro !* Va !
je ne me suis que trop souvenu de ces faveurs qui sont des
affronts ! Je m'en suis vengé sur lui, je vais m'en venger
sur toi. Ecoute. Crois-tu donc que pour être mulâtre, nain
et difforme, je ne sois pas homme ? Ah ! j'ai une âme, et
une âme plus profonde et plus forte que celle dont je vais
délivrer ton corps de jeune fille ! J'ai été donné à ton oncle
comme un sapajou. Je servais à ses plaisirs, j'amusais ses
mépris. Il m'aimait, dis-tu ; j'avais une place dans son
cœur ; oui, entre sa guenon et son perroquet. Je m'en suis
choisi une autre avec mon poignard !

Je frémissais. — Oui, continua le nain, c'est moi, c'est
bien moi ! regarde-moi en face, Léopold d'Auverney ! Tu
as assez ri de moi, tu peux frémir maintenant. Et, dis-moi,
tu me rappelles la honteuse prédilection de ton oncle pour
celui qu'il nommait son bouffon ! Quelle prédilection ! *bon
Giu !* Si j'entrais dans vos salons, mille rires dédaigneux
m'accueillaient ; ma taille, mes difformités, mes traits,
mon costume dérisoire, jusqu'aux infirmités déplorables
de ma nature, tout en moi prêtait aux railleries de ton exé-

crable oncle et de ses exécrables amis. Et moi, je ne pouvais pas même me taire; il fallait, *o rabia!* il fallait mêler mon rire aux rires que j'excitais! Réponds, crois-tu que
de pareilles humiliations soient un titre à la reconnaissance d'une créature humaine? Crois-tu qu'elles ne vail-
lent pas les misères des autres esclaves; les travaux sans
relâche, les ardeurs du soleil, les carcans de fer et le fouet
des commandeurs? Crois-tu qu'elles ne suffisent pas pour
faire germer dans un cœur d'homme une haine ardente,
implacable, éternelle, comme le stigmate d'infamie qui flé-
trit ma poitrine! Oh! pour avoir souffert si longtemps,
que ma vengeance a été courte! Que n'ai-je pu faire endurer à mon odieux tyran tous les tourments qui renais-
saient pour moi à tous les moments de tous les jours! Que
n'a-t-il pu avant de mourir connaître l'amertume de l'orgueil blessé, et sentir quelles traces brûlantes laissent les
larmes de honte et de rage sur un visage condamné à un
rire perpétuel! Hélas! il est bien dur d'avoir tant attendu
l'heure de punir, et d'en finir d'un coup de poignard! Encore s'il avait pu savoir quelle main le frappait! Mais j'é-
tais trop impatient d'entendre son dernier râle; j'ai enfoncé trop vite le couteau; il est mort sans m'avoir reconnu, et ma fureur a trompé ma vengeance. Cette fois,
du moins, elle sera plus complète. Tu me vois bien, n'est-
ce pas? Il est vrai que tu dois avoir peine à me reconnaître
dans le nouveau jour qui me montre à toi. Tu ne m'avais
jamais vu que sous un air rieur et joyeux; maintenant
que rien n'interdit à mon âme de paraître dans mes yeux,
je ne dois plus me ressembler. Tu ne connaissais que mon
masque : voici mon visage!

Il était horrible.— Monstre! m'écriai-je, tu te trompes,
il y a encore quelque chose du baladin dans l'atrocité de
tes traits et de ton cœur.. — Ne parle pas d'atrocité! interrompit Habibrah. Songe à la cruauté de ton oncle... —

Misérable! repris-je indigné ; s'il était cruel, c'était par
toi! Tu plains le sort des malheureux esclaves ; mais pourquoi alors tournais-tu contre tes frères le crédit que la
faiblesse de ton maître t'accordait? Pourquoi n'as-tu jamais essayé de le fléchir en leur faveur? — J'en aurais été
bien fâché! Moi, empêcher un blanc de se souiller d'une
atrocité ! non, non ! Je l'engageais au contraire à redoubler de mauvais traitements envers ses esclaves, afin d'a-
vancer l'heure de la révolte, afin que l'excès de l'oppres-
sion amenât enfin la vengeance! En paraissant nuire à
mes frères, je les servais. Je restai confondu devant une
si profonde combinaison de la haine. — Eh bien ! continua
le nain, trouves-tu que j'aie su méditer et exécuter? Que
dis-tu du bouffon Habibrah? Que dis-tu du fou de ton
oncle? — Achève ce que tu as si bien commencé, lui répondis-je. Fais-moi mourir, mais hâte-toi.

Il se mit à se promener de long en large sur la plate-
forme, en se frottant les mains. — Et, s'il ne me plaît pas
de me hâter, à moi? si je veux jouir à mon aise de tes angoisses? Vois-tu, Biassou me devait ma part dans le butin
du dernier pillage. Quand je t'ai vu au camp des noirs, je
ne lui ai demandé que ta vie. Il me l'a accordée volontiers,
et maintenant elle est à moi! Je m'en amuse. Tu vas bientôt suivre cette cascade dans ce gouffre, sois tranquille ;
mais je dois te dire auparavant qu'ayant découvert la retraite où ta femme avait été cachée, j'ai inspiré aujour-
d'hui à Biassou de faire incendier la forêt, cela doit être
commencé à présent. Ainsi ta famille est anéantie. Ton
oncle a péri par le fer; tu vas périr par l'eau, ta Marie
par le feu. — Misérable! misérable! m'écriai-je. Et je fis
un mouvement pour me jeter sur lui. Il se tourna vers les
nègres : — Allons, attachez-le ! il avance son heure. Alors
les nègres commencèrent à me lier en silence avec des
cordes qu'ils avaient apportées. Tout à coup je crus en-

endre les aboiements lointains d'un chien; je pris ce
bruit pour une illusion causée par le mugissement de la
cascade. Les nègres achevèrent de m'attacher, et m'ap-
prochèrent du gouffre qui devait m'engloutir. Le nain,
croisant les bras, me regardait avec une joie triomphante.
Je levai les yeux vers la crevasse pour fuir son odieuse vue,
et pour découvrir encore le ciel. En ce moment, un aboiement plus fort et plus prononcé se fit entendre. La tête
énorme de Rask passa par l'ouverture. Je tressaillis. Le
nain s'écria : *Allons !* Les noirs, qui n'avaient pas remarqué les aboiements, se préparèrent à me lancer au milieu
de l'abîme...

LIII

—Camarades! cria une voix tonnante. Tous se retour-
nèrent : — c'était Bug-Jargal. Il était debout sur le bord
de la crevasse; une plume rouge flottait sur sa tête. — Camarades, répéta-t-il, arrêtez! Les noirs se prosternèrent.
Il continua : Je suis Bug-Jargal. Les noirs frappèrent la
terre de leurs fronts, en poussant des cris dont il était difficile de distinguer l'expression. — Déliez le prisonnier!
cria le chef. Ici le nain parut se réveiller de la stupeur où
l'avait plongé cette apparition inattendue. Il arrêta brusquement les bras des noirs prêts à couper mes liens. —
Comment! qu'est-ce? s'écria-t-il. *Que quiere decir eso?*
Puis, levant la tête vers Bug-Jargal : — Chef du Morne-
Rouge, que venez-vous faire ici? Bug-Jargal répondit : —
Je viens commander à mes frères! — En effet, dit le nain
avec une rage concentrée, ce sont des noirs du Morne-
Rouge! Mais de quel droit, ajouta-t-il en haussant la voix,
disposez-vous de mon prisonnier? Le chef répondit : —Je
suis Bug-Jargal! Les noirs frappèrent la terre de leurs

fronts. — Bug-Jargal, reprit Habibrah, ne peut pas défaire
ce qu'a fait Biassou. Ce blanc m'a été donné par Biassou.
Je veux qu'il meure; il mourra. — *Vosotros,* dit-il aux
noirs, obéissez! jetez-le dans le gouffre.

A la voix puissante de l'obi, les noirs se relevèrent et firent un pas vers moi. Je crus que c'en était fait. — Déliez le prisonnier, cria Bug-Jargal. Alors il s'exhala en im-
précations et en menaces. En un clin d'œil je fus libre. Ma
surprise égalait la rage de l'obi. Il voulut se jeter sur moi.
Les noirs l'arrêtèrent. — *Demonios! rabia! infierno de
mi alma!* Comment! misérables! vous refusez de m'obéir!
vous méconnaissez *mi voz!* Pourquoi ai-je perdu *el tiempo*
à écouter *este maldicho?* J'aurais dû le faire jeter tout de
suite aux poissons *del baratro!* A force de vouloir une
vengeance complète, je la perds. *O rabia de Satan! Escuchate vosotros!* Si vous ne m'obéissez pas, si vous ne pré-
cipitez pas cet exécrable blanc dans le torrent, je vous mau-
dis! Vos cheveux deviendront blancs; les maringouins et
les bigailles vous dévoreront tout vivants; vos jambes et
vos bras plieront comme des roseaux; votre haleine brûlera
votre gosier comme un sable ardent; vous mourrez bientôt,
et après votre mort vos esprits seront condamnés à tourner
sans cesse une meule grosse comme une montagne, dans
la lune où il fait froid!

Cette scène produisait sur moi un effet singulier. Seul
de mon espèce dans cette caverne humide et noire, environné de ces nègres pareils à des démons, balancé en quelque sorte au penchant de cet abime sans fond, tour à tour
menacé par ce nain hideux, par ce sorcier difforme, dont
un jour pâle laissait à peine entrevoir le vêtement bariolé
et la mitre pointue, et protégé par le grand noir, qui
m'apparaissait au seul point d'où l'on pût voir le ciel, il
me semblait être aux portes de l'enfer, attendre la perte
ou le salut de mon âme, et assister à une lutte opiniâtre

entre mon bon ange et mon mauvais génie. Les noirs paraissaient terrifiés des malédictions de l'obi. Il voulut profiter de leur indécision, et s'écria : — Je veux que le blanc meure; vous obéirez : il mourra! Bug-Jargal répondit gravement : — Il vivra! Je suis Bug-Jargal. Mon père était roi au pays de Kakongo, et rendait la justice sur le seuil de sa porte. Les noirs s'étaient prosternés de nouveau. Le chef poursuivit : — Frères! allez dire à Biassou de ne pas déployer sur la montagne le drapeau noir qui doit annoncer aux blancs la mort de ce captif, car ce captif a sauvé la vie à Bug-Jargal, et Bug-Jargal veut qu'il vive. Ils se relevèrent. Bug-Jargal jeta sa plume rouge au milieu d'eux. Le chef du détachement croisa les bras sur sa poitrine, et ramassa le panache avec respect; puis ils sortirent sans proférer une parole. L'obi disparut avec eux dans les ténèbres de l'avenue souterraine. Je n'essayerai pas de vous peindre, messieurs, la situation où je me trouvais. Je fixai des yeux humides sur Pierrot, qui de son côté me contemplait avec une singulière expression de reconnaissance et de fierté. — Dieu soit béni! dit-il enfin, tout est sauvé. Frère, retourne par où tu es venu. Tu me trouveras dans la vallée.

Il me fit un signe de la main, et se retira.

LIV

Pressé d'arriver à ce rendez-vous et de savoir par quel merveilleux bonheur mon sauveur m'avait été ramené si à propos, je me disposai à sortir de l'effrayante caverne. Cependant de nouveaux dangers m'y étaient réservés. A l'instant où je me dirigeais vers la galerie souterraine, un obstacle imprévu m'en barra tout à coup l'entrée. C'était encore Habibrah. Le rancuneux obi n'avait pas suivi les né-

grcs comme je l'avais cru ; il s'était caché derrière un pilier
de roches, attendant un moment plus propice pour sa
vengeance. Ce moment était venu. Le nain se montra subitement et rit. J'étais seul, désarmé ; un poignard, le
même qui lui tenait lieu de crucifix, brillait dans sa main.
A sa vue, je reculai involontairement. — Ah ! ah ! *maldicho !* tu croyais donc m'échapper ! mais le fou est moins
fou que toi. Je te tiens, et cette fois je ne te ferai pas attendre. Ton ami Bug-Jargal ne t'attendra pas non plus en
vain. Tu iras au rendez-vous dans la vallée, mais c'est le
flot de ce torrent qui se chargera de t'y conduire. En parlant ainsi, il se précipita vers moi le poignard levé. — Monstre ! lui dis-je en reculant sur la plate-forme, tout à l'heure
tu n'étais qu'un bourreau, maintenant tu es un assassin !
— Je me venge ! répondit-il en grinçant des dents.

| En ce moment j'étais sur le bord du précipice ; il fondit
brusquement sur moi afin de m'y pousser d'un coup de
poignard. J'esquivai le choc. Le pied lui manqua sur cette
mousse glissante dont les rochers humides sont en quelque
sorte enduits : il roula sur la pente arrondie par les flots.
— Mille démons ! s'écria-t-il en rugissant : il était tombé
dans l'abime. Je vous ai dit qu'une racine du vieil arbre
sortait d'entre les fentes du granit, un peu au-dessous du
bord. Le nain la rencontra dans sa chute : sa jupe cha-
marrée s'embarrassa dans les nœuds de la souche, et, saisissant ce dernier appui, il s'y cramponna avec une énergie extraordinaire. Son bonnet aigu se détacha de sa tête ;
il fallut lâcher son poignard ; et cette arme d'assassin et la
gorra sonnante du bouffon disparurent ensemble, en se
heurtant, dans les profondeurs de la cataracte. Habibrah,
suspendu sur l'horrible gouffre, essaya d'abord de remon-
ter sur la plate-forme ; mais ses petits bras ne pouvaient
atteindre jusqu'à l'arête de l'escarpement, et ses ongles
s'usaient en efforts impuissants pour entamer la surface

visqueuse du roc qui surplombait dans le ténébreux abîme.
Il hurlait de rage. La moindre secousse de ma part eût
suffi pour le précipiter; mais c'eût été une lâcheté, et je
n'y songeai pas un moment. Cette modération le frappa.
Remerciant le ciel du salut qu'il m'envoyait d'une manière
si inespérée, je me décidais à l'abandonner à son sort, et
j'allais sortir de la salle souterraine quand j'entendis tout
à coup la voix du nain sortir de l'abîme, suppliante et douloureuse. — Maître, criait-il, maître! ne vous en allez pas,
de grâce! Au nom du *bon Giu*, ne laissez pas mourir, im-
pénitente et coupable, une créature humaine que vous pouvez sauver. Hélas!... les forces me manquent, la branche
glisse et plie dans mes mains, le poids de mon corps m'en-
traine, je vais la lâcher ou elle va se rompre..... Hélas!
maître! l'effroyable gouffre tourbillonne au-dessous de
moi! *Nombre santo de Dios!* n'aurez-vous aucune pitié
pour votre pauvre bouffon? Il est bien criminel; mais ne
lui prouverez-vous pas que les blancs valent mieux que les
mulâtres, les maîtres que les esclaves?

Je m'étais rapproché du précipice presque ému, et la
terne lumière qui descendait de la crevasse me montrait
sur le visage repoussant du nain une expression que je ne
lui connaissais pas encore, celle de la prière et de la détresse. — *Señor* Léopold, continua-t-il, encouragé par le
mouvement de pitié qui m'était échappé, serait-il vrai
qu'un être humain vit son semblable dans une position
aussi horrible, pût le secourir, et ne le fit pas? Hélas! tendez-moi la main, maître. Il ne faudrait qu'un peu d'aide
pour me sauver. Ce qui est tout pour moi est si peu de
chose pour vous! Tirez-moi à vous, de grâce! Ma reconnaissance égalera mes crimes... Je l'interrompis : — Malheureux! ne rappelle pas ce souvenir! — C'est pour le détester, maître, reprit-il. Ah! soyez plus généreux que moi!
O ciel! ô ciel! je faiblis! je tombe!..... *Ay desdichado!*

La main! votre main! tendez-moi la main! au nom de la
mère qui vous a porté.

Je ne saurais vous dire à quel point était lamentable cet
accent de terreur et de souffrance! J'oubliai tout. Ce n'é-
tait plus un ennemi, un traître, un assassin, c'était un
malheureux qu'un léger effort de ma part pouvait arracher
à une mort affreuse. Il m'implorait si pitoyablement!
Toute parole, tout reproche eût été inutile et ridicule : le
besoin d'aide paraissait urgent. Je me baissai, et, m'age-
nouillant le long du bord, l'une de mes mains appuyée sur
le tronc de l'arbre dont la racine soutenait l'infortuné Habibrah, je lui tendis l'autre... — Dès qu'elle fut à sa portée, il la saisit de ses deux mains avec une force prodigieuse,
et, loin de se prêter au mouvement d'ascension que je voulais lui donner, je le sentis qui cherchait à m'entraîner
avec lui dans l'abîme. Si le tronc de l'arbre ne m'eût pas
prêté un aussi solide appui, j'aurais été infailliblement arraché du bord par la secousse violente et inattendue que
me donna le misérable. — Scélérat! m'écriai-je, que fais-
tu? — Je me venge! répondit-il avec un rire éclatant et
infernal. Ah! je te tiens enfin! imbécile! tu t'es livré toi-
même! Je te tiens! Tu étais sauvé, j'étais perdu; et c'est
toi qui rentres volontairement dans la gueule du caïman,
parce qu'elle a gémi après avoir rugi! Me voilà consolé,
puisque ma mort est une vengeance! Tu es pris au piège,
amigo! et j'aurai un compagnon humain chez les poissons
du lac. — Ah! traître! disais-je en me roidissant, voilà
comme tu me récompenses d'avoir voulu te tirer du péril!
—Oui, reprenait-il, je sais que j'aurais pu me sauver avec
toi, mais j'aime mieux que tu périsses avec moi. J'aime
mieux ta mort que ma vie! Viens!

En même temps ses deux mains bronzées et calleuses se
crispaient sur la mienne avec des efforts inouïs; ses yeux
flamboyaient, sa bouche écumait; ses forces, dont il dé-

plorait si douloureusement l'abandon un moment auparavant, lui étaient revenues, exaltées par la rage et la vengeance ; ses pieds s'appuyaient ainsi que deux leviers aux parois perpendiculaires du rocher, et il bondissait comme un tigre sur la racine, qui, mêlée à ses vêtements, le soutenait malgré lui ; car il eût voulu la briser afin de peser de tout son poids sur moi et de m'entraîner plus vite. Il interrompait quelquefois, pour la mordre avec fureur, le rire épouvantable que m'offrait son monstrueux visage. On eût dit l'horrible démon de cette caverne cherchant à attirer une proie dans son palais d'abîmes et de ténèbres. Un de mes genoux s'était heureusement arrêté dans une anfractuosité du rocher ; mon bras s'était en quelque sorte noué à l'arbre qui m'appuyait ; et je luttais contre les efforts du nain avec toute l'énergie que le sentiment de la conservation peut donner dans un semblable moment. De temps en temps je soulevais péniblement ma poitrine, et j'appelais de toutes mes forces : *Bug-Jargal !* Mais le fracas de la cascade et l'éloignement me laissaient bien peu d'espoir qu'il pût entendre une voix. Cependant le nain, qui ne s'était pas attendu à tant de résistance, redoublait ses furieuses secousses. Je commençais à perdre mes forces, bien que cette lutte eût duré bien moins de temps qu'il ne m'en faut pour vous la raconter. Un tiraillement insupportable paralysait presque mon bras ; ma vue se troublait ; des lueurs livides et confuses se croisaient devant mes yeux ; des tintements remplissaient mes oreilles ; j'entendais crier la racine prête à rompre, rire le monstre prêt à tomber, et il me semblait que le gouffre hurlant se rapprochait de moi.

Avant de tout abandonner à l'épuisement et au désespoir, je tentai un dernier appel : je rassemblai mes forces éteintes, et je criai encore une fois : *Bug-Jargal !* Un aboiement me répondit... J'avais reconnu Rask, je tournai

les yeux. Bug-Jargal et son chien étaient au bord de la crevasse. Je ne sais s'il avait entendu ma voix ou si quelque
inquiétude l'avait ramené. Il vit mon danger. — Tiens
bon! me cria-t-il. Habibrah, craignant mon salut, me
criait de son côté en écumant de fureur : — Viens donc!
viens! Et il ramassait, pour en finir, le reste de sa vigueur
surnaturelle. En ce moment, mon bras fatigué se détacha
de l'arbre. C'en était fait de moi ! quand je me sentis saisir par derrière : c'était Rask. A un signe de son maître
il avait sauté de la crevasse sur la plate-forme, et sa
gueule me retenait puissamment par les basques de mon
habit. Ce secours inattendu me sauva. Habibrah avait con-
sumé toute sa force dans son dernier effort; je rappelai la
mienne pour lui arracher ma main. Ses doigts engourdis
et roides furent enfin contraints de me lâcher ; la racine,
si longtemps tourmentée, se brisa sous son poids ; et, tandis que Rask me retirait violemment en arrière, le misérable nain s'engloutit dans l'écume de la sombre cascade,
en me jetant une malédiction que je n'entendis pas, et qui
retomba avec lui dans l'abîme. — Telle fut la fin du bouffon de mon oncle.

LV

Cette scène effrayante, cette lutte forcenée, son dénoûment terrible, m'avaient accablé. J'étais presque sans force
et sans connaissance. La voix de Bug-Jargal me ranima.—
Frère! me criait-il, hâte-toi de sortir d'ici! Le soleil sera
couché dans une demi-heure. Je vais t'attendre là-bas.
Suis Rask. Cette parole amie me rendit tout à la fois espérance, vigueur et courage. Je me relevai. Le dogue s'enfonça rapidement dans l'avenue souterraine; je le suivis :
son jappement me guidait dans l'ombre. Après quelques

lnstants je revis le jour devant moi ; enfin, nous atteigni-
mes l'issue, et je respirai librement. En sortant de dessous
la voûte humide et noire, je me rappelai la prédiction du
nain, au moment où nous y étions entrés : — « L'un de
« nous deux seulement repassera par ce chemin. » Son attente avait été trompée, mais sa prophétie s'était réalisée.

LVI

Parvenu dans la vallée, je revis Bug-Jargal ; je me jetai
dans ses bras, et j'y demeurai oppressé, ayant mille questions à lui faire et ne pouvant parler. — Ecoute, me dit-il,
ta femme, ma sœur, est en sûreté. Je l'ai remise au camp
des blancs, à l'un de vos parents, qui commande les
avant-postes ; je voulais me rendre prisonnier, de peur
qu'on ne sacrifiât en ma place les dix têtes qui répondent
de la mienne. Ton parent m'a dit de fuir et de tâcher de
prévenir ton supplice, les dix noirs ne devant être exécu-
tés que si tu l'étais, ce que Biassou devait faire annoncer
en arborant un drapeau noir sur la plus haute de nos
montagnes. Alors j'ai couru, Rask m'a conduit, et je suis
arrivé à temps, grâce au ciel ! Tu vivras et moi aussi. Il
me tendit la main et ajouta : — Frère, es-tu content ? Je
le serrai de nouveau dans mes bras ; je le conjurai de ne
plus me quitter, de rester avec moi parmi les blancs ; je
lui promis un grade dans l'armée coloniale. Il m'interrompit d'un air farouche : — Frère, est-ce que je te pro-
pose de t'enrôler parmi les miens ? Je gardai le silence, je
sentais mon tort. Il ajouta avec gaieté : — Allons, viens
vite revoir et rassurer ta femme ! Cette proposition répon-
dait à un besoin pressant de mon cœur ; je me levai ivre
de bonheur ; nous partimes. Le noir connaissait le chemin ; il marchait devant moi ; Rask nous suivait !... Ici

d'Auverney s'arrêta et jeta un sombre regard autour de lui. La sueur coulait à grosses gouttes de son front. Il couvrit son visage avec sa main. Rask le regardait d'un air inquiet. — Oui, c'est ainsi que tu me regardais ! murmura-t-il.

Un instant après, il se leva violemment agité, et sortit de la tente. Le sergent et le dogue l'accompagnèrent.

LVII

— Je gagerais, s'écria Henri, que nous approchons de la catastrophe ! Je serais vraiment fâché qu'il arrivât quelque chose à Bug-Jargal ; c'était un fameux homme ! Paschal ôta de ses lèvres le goulot de sa bouteille revêtue d'osier, et dit : — J'aurais voulu, pour douze paniers de Porto, voir la noix de coco qu'il vida d'un trait. Alfred, qui était en train de rêver à un air de guitare, s'interrompit, et pria le lieutenant Henri de lui rattacher ses aiguillettes ; il ajouta : — Ce nègre m'intéresse beaucoup. Seulement je n'ai pas encore osé demander à d'Auverney s'il savait aussi l'air de la *Hermosa Padilla*. — Biassou est bien plus remarquable, reprit Paschal ; son vin goudronné ne devait pas valoir grand'chose, mais du moins cet homme-là savait ce que c'est qu'un Français. Si j'avais été son prisonnier, j'aurais laissé pousser ma moustache pour qu'il me prêtât quelques piastres dessus, comme la ville de Goa à ce capitaine portugais. Je vous déclare que mes créanciers sont plus impitoyables que Biassou. — A propos, capitaine, voilà quatre louis que je vous dois, s'écria Henri en jetant sa bourse à Paschal. Le capitaine regarda d'un œil étonné son généreux débiteur, qui aurait à plus juste titre pu se dire son créancier. Henri se hâta de poursuivre. — Voyons, messieurs, que pensez-vous jusqu'ici de

l'histoire que nous raconte le capitaine? — Ma foi, dit
Alfred, je n'ai pas écouté fort attentivement, mais je vous
avoue que j'aurais espéré quelque chose de plus intéressant de la bouche du rêveur d'Auverney. Et puis il y a une
romance en prose, et je n'aime pas les romances en prose :
sur quel air chanter cela? En somme, l'histoire de Bug-
Jargal m'ennuie, c'est trop long. — Vous avez raison, dit
l'aide de camp Paschal; c'est trop long. Si je n'avais pas
eu ma pipe et mon flacon, j'aurais passé une méchante
nuit. Remarquez en outre qu'il y a beaucoup de choses
absurdes. Comment croire, par exemple, que ce petit ma-
got de sorcier..... comment l'appelle-t-il déjà?... *Habit-
bas?* comment croire qu'il veuille, pour noyer son ennemi, se noyer lui-même?...

Henri l'interrompit en souriant : — Dans de l'eau surtout! n'est-ce pas, capitaine Paschal? Quant à moi, ce qui
m'amusait le plus pendant le récit de d'Auverney, c'était
de voir son chien boiteux lever le tête chaque fois qu'il
prononçait le nom de Bug-Jargal. — Et en cela, interrompit Paschal, il faisait précisément le contraire de ce que
j'ai vu faire aux vieilles bonnes femmes de Celadas quand
le prédicateur prononçait le nom de Jésus; j'entrais dans
l'église avec une douzaine de cuirassiers... Le bruit du fusil du factionnaire avertit que d'Auverney rentrait. Tout
le monde se tut. Il se promena quelque temps les bras
croisés, en silence. Le vieux Thadée, qui s'était rassis dans
un coin, l'observait à la dérobée, et s'efforçait de paraître
caresser Rask, pour que le capitaine ne s'aperçût pas de
son inquiétude. D'Auverney reprit enfin :

LVIII

—Rask nous suivait. Le rocher le plus élevé de la vallée
n'était plus éclairé par le soleil : une lueur s'y peignit tout
à coup, et passa. Le noir tressaillit ; il me serra fortement
la main. — Ecoute, me dit-il. Un bruit sourd, semblable à
la décharge d'une pièce d'artillerie, se fit entendre alors
dans les vallées, et se prolongea d'échos en échos. — C'est
le signal, dit le nègre d'une voix sombre. Il reprit : —C'est
un coup de canon, n'est-ce pas ? Je fis un signe de tête
affirmatif. En deux bonds il fut sur une roche élevée : je
l'y suivis. Il croisa les bras et se mit à sourire tristement.
—Vois-tu ? me dit-il. Je regardai du côté qu'il m'indiquait, et je vis le pic qu'il m'avait montré lors de mon
entrevue avec Marie, le seul que le soleil éclairât encore,
surmonté d'un grand drapeau noir. Ici d'Auverney fit une
pause. J'ai su depuis que Biassou, pressé de partir et me
croyant mort, avait fait arborer l'étendard avant le retour
du détachement qui avait dû m'exécuter.

Bug-Jargal était toujours là, debout, les bras croisés, et
contemplant le lugubre drapeau. Soudain, il se retourna
vivement et fit quelques pas, comme pour descendre du
roc. — Dieu ! Dieu ! mes malheureux compagnons ! Il revint à moi : — As-tu entendu le canon ? me demanda-t-il.
Je ne répondis point. — Eh bien ! frère, c'était le signal.
On les conduit maintenant. Sa tête tomba sur sa poitrine.
Il se rapprocha encore de moi. — Va retrouver ta femme,
frère, Rask te conduira. — Il siffla un air africain, le chien
se mit à remuer la queue, et parut vouloir se diriger vers
un point de la vallée. Bug-Jargal me prit la main et s'ef-
força de sourire ; mais ce sourire était convulsif. — Adieu !
me cria-t-il d'une voix forte ; et il se perdit dans les touf-

fes d'arbres qui nous entouraient. J'étais pétrifié. Le peu que je comprenais à ce qui venait d'avoir lieu me faisait prévoir tous les malheurs. Rask voyant son maître disparaître, s'avança sur le bord du roc, et se mit à secouer la tête avec un hurlement plaintif. Il revint en baissant la queue ; ses grands yeux étaient humides ; il me regarda d'un air inquiet, puis il retourna vers l'endroit d'où son maître était parti, et aboya à plusieurs reprises. Je le compris : je sentais les mêmes craintes que lui. Je fis quelques pas de son côté ; alors il partit comme un trait en suivant les traces de Bug-Jargal ; je l'aurais eu bientôt perdu de vue, quoique je courusse aussi de toutes mes forces, si de temps en temps il ne se fût arrêté, comme pour me donner le temps de le joindre — Nous traversâmes ainsi plusieurs vallées, nous franchîmes des collines couvertes de bouquets de bois. Enfin !...

La voix de d'Auverny s'éteignit. Un sombre désespoir se manifesta sur tous ses traits ; il put à peine articuler ces mots : — Poursuis, Thadée, car je n'ai pas plus de force qu'une vieille femme. Le vieux sergent n'était pas moins ému que le capitaine ; il se mit pourtant en devoir de lui obéir. — Avec votre permission... — Puisque vous le désirez, mon capitaine. — Il faut vous dire, mes offi-ciers, que, quoique Bug-Jargal, dit Pierrot, fût un grand nègre, bien doux, bien fort, bien courageux, et le premier brave de la terre, après vous, s'il vous plaît, mon capi-taine, je n'en étais pas moins bien animé contre lui, ce que je ne me pardonnerai jamais, quoique mon capitaine me l'ait pardonné. Si bien, mon capitaine, qu'après avoir entendu annoncer votre mort pour le soir du second jour j'entrai dans une furieuse colère contre ce pauvre homme, et ce fut avec un vrai plaisir infernal que je lui annonçai que ce serait lui, ou, à son défaut, dix des siens, qui vous tiendraient compagnie, et qui seraient fusillés en manière

de représailles, comme on dit. A cette nouvelle, il ne manifesta rien, sinon qu'une heure après il se sauva en prati-
quant un grand trou... D'Auverney fit un geste d'impatience. Thadée reprit : — Soit! Quand on vit le grand drapeau noir sur la montagne, comme il n'était pas revenu,
ce qui ne nous étonnait pas, avec votre permission, mes
officiers, on tira le coup de canon de signal, et je fus
chargé de conduire les dix nègres au lieu de l'exécution,
appelé la Bouche-du-Grand-Diable, et éloigné du camp
d'environ... Enfin, qu'importe! Quand nous fûmes là,
vous sentez bien, messieurs, que ce n'était pas pour leur
donner la clef des champs : je les fis lier, comme cela se
pratique, et je disposai mes pelotons. — Voilà que je vois
arriver de la forêt le grand nègre. Les bras m'en tombèrent. Il vint à moi tout essoufflé. — J'arrive à temps, dit-
il. Bonjour, Thadée. — Non, messieurs, il ne dit que cela,
et il alla délier ses compatriotes. J'étais là, moi, stupéfait.
Alors, avec votre permission, mon capitaine, il s'engagea
un grand combat de générosité entre les noirs et lui, lequel aurait bien dû durer un peu plus longtemps... N'importe! oui, je m'en accuse, ce fut moi qui le fis cesser.
Il prit la place des noirs. En ce moment son grand chien...
Pauvre Rask! il arriva et me sauta à la gorge. — Il aurait
bien dû, mon capitaine, s'y tenir quelques moments de
plus! — Mais Pierrot fit un signe, et le pauvre dogue me
lâcha; Bug-Jargal ne put pourtant pas empêcher qu'il ne
vînt se coucher à ses pieds. Alors, je vous croyais mort,
mon capitaine... J'étais en colère... — Je criai...

Le sergent étendit la main, regarda le capitaine, mais
ne put articuler le mot fatal. — Bug-Jargal tomba. — Une
balle avait cassé la patte de son chien... Depuis ce temps-là,
nos officiers (et le sergent secouait la tête tristement),
depuis ce temps-là il est boiteux. J'entendis des gémisse-
ments dans le bois voisin, j'y entrai; c'était vous, mon ca-

pitaine; une balle vous avait atteint au moment où vous
accouriez pour sauver le grand nègre. — Oui, mon capitaine, vous gémissiez; mais c'était sur lui; Bug-Jargal
était mort! — Vous, mon capitaine, on vous rapporta au
camp. Vous étiez blessé moins dangereusement que lui,
car vous guérîtes, grâce aux bons soins de madame Marie.

Le sergent s'arrêta. D'Auverney reprit d'une voix solennelle et douloureuse: — Bug-Jargal était mort! Thadée
baissa la tête. — Oui, dit-il; et il m'avait laissé la vie, et
c'est moi qui l'ai tué!

FIN DE BUG-JARGAL

NOTE

——

Comme les lecteurs ont en général l'habitude d'exiger des éclaircissements définitifs sur le sort de chacun des personnages auxquels on a tenté de les intéresser, il a été fait des recherches, dans l'intention de satisfaire à cette habitude, sur la destinée ultérieure du capitaine Léopold d'Auverney, de son sergent et de son chien. Le lecteur se rappelle peut-être que la sombre mélancolie du capitaine provenait d'une double cause : la mort de Bug-Jargal, dit Pierrot, et la perte de sa chère Marie, laquelle n'avait été sauvée de l'incendie du fort Galifet que pour périr peu de temps après dans le premier incendie du Cap. Quant au ca--pitaine lui-même, voilà ce qu'on a découvert sur son compte.

Le lendemain d'une grande bataille gagnée par les trou-pes de la République française sur l'armée de l'Europe, le général divisionnaire M***, chargé du commandement en chef, était dans sa tente, seul, et rédigeant, d'après les notes de son chef d'état-major, le rapport qui devait être envoyé à la Convention nationale, sur la victoire de la reille. Un aide de camp vint lui dire que le représentant du peuple en mission près de lui demandait à lui parler. Le général abhorrait ces espèces d'ambassadeurs à bonnets rouges, que la Montagne députait dans les camps pour les dégrader et les décimer, délateurs attitrés, chargés par des bourreaux d'espionner la gloire. Cependant il eût été dan-

16

gereux de refuser la visite de l'un d'entre eux, surtout
après une victoire. L'idole sanglante de ces temps-là aimait les victimes illustres; et les sacrificateurs de la place
de la Révolution étaient joyeux quand ils pouvaient, d'un
même coup, faire tomber une tête et une couronne, ne
fût-elle que d'épines, comme celle de Louis XVI, de fleurs,
comme celles des jeunes filles de Verdun, ou de lauriers,
comme celle de Custine et d'André Chénier. Le général ordonna donc qu'on introduisît le représentant.

Après quelques félicitations louches et restrictives sur le
récent triomphe des armées républicaines, le représentant,
se rapprochant du général, lui dit à demi-voix :

— Ce n'est pas tout, citoyen général : il ne suffit pas de
vaincre les ennemis du dehors, il faut encore exterminer
les ennemis du dedans. — Que voulez-vous dire, citoyen
représentant? répondit le général étonné. — Il y a dans
votre armée, reprit mystérieusement le commissaire de la
Convention, un capitaine nommé Léopold d'Auverney; il
sert dans la 32ᵉ demi-brigade. Général, le connaissez-vous?
— Oui, vraiment! repartit le général. Je lisais précisément
un rapport de l'adjudant général, chef de la 32ᵉ demi-
brigade, qui le concerne. La 32ᵉ avait en lui un excellent
capitaine. — Comment, citoyen général! dit le représentant avec hauteur. Est-ce que vous lui auriez donné un
autre grade ? — Je ne vous cacherai pas, citoyen représentant, que telle était en effet mon intention...

Ici le commissaire interrompit impétueusement le général. — La victoire vous aveugle, général M*** ! Prenez
garde à ce que vous faites et à ce que vous dites. Si vous
réchauffez dans votre sein les serpents ennemis du peuple,
tremblez que le peuple ne vous écrase en écrasant les serpents! Ce Léopold d'Auverney est un aristocrate, un contre-
révolutionnaire, un royaliste, un feuillant, un girondin! La
justice publique le réclame! Il faut me le livrer sur l'heure.

Le général répondit froidement :—Je ne puis.—Comment,
vous ne pouvez! reprit le commissaire, dont l'emportement redoublait. Ignorez-vous, genéral M***, qu'il n'existe
ici de pouvoir illimité que le mien? La République vous
ordonne, et vous ne pouvez! Ecoutez-moi : je veux, par
condescendance pour vos succès, vous lire la note qui m'a
été donnée sur ce d'Auverney, et que je dois envoyer avec
sa personne à l'accusateur public. C'est l'extrait d'une liste
de noms que vous ne voudrez pas me forcer de clore par
le vôtre. Ecoutez. — « LÉOPOLD AUVERNEY (ci-devant DE),
« capitaine dans la 32ᵉ demi-brigade, convaincu, *primo*,
« d'avoir raconté dans un conciliabule de conspirateurs
« une prétendue histoire contre-révolutionnaire, tendant à
« ridiculiser les principes de l'égalité et de la liberté, et à
« exalter les anciennes superstitions connues sous les noms
« de *royauté* et de *religion;* convaincu, *secundo*, de s'être
« servi d'expressions réprouvées par tous les bons sans-cu-
« lottes pour caractériser divers événements mémorables,
« notamment l'affranchissement des ci-devant noirs de
« Saint-Domingue ; convaincu, *tertio*, de s'être toujours
« servi du mot *monsieur* dans son récit, et jamais du mot
« *citoyen;* enfin, *quarto*, d'avoir, par ledit récit, conspiré
« ouvertement le renversement de la République au profit
« de la faction des girondins et des brissotistes. Il mérite
« la mort. » — Eh bien! général, que dites-vous de cela?
Protégerez-vous encore ce traître? Balancerez-vous à livrer
au châtiment cet ennemi de la patrie? — Cet ennemi de la
patrie, répliqua le général avec dignité, s'est sacrifié pour
elle. A l'extrait de votre rapport je répondrai par un extrait du mien; écoutez à votre tour : — « LÉOPOLD D'AU-
« VERNEY, capitaine dans la 32ᵉ demi-brigade, a décidé la
« nouvelle victoire que nos armes ont obtenue. Une re-
« doute formidable avait été établie par les coalisés; elle
« était la clef de la bataille; il fallait l'emporter. La mort

« du brave qui l'attaquerait le premier était certaine. Le
« capitaine d'Auverney s'est dévoué; il a pris la redoute,
« s'y est fait tuer, et nous avons vaincu. Le sergent Tha-
« dée, de la 32°, et un chien, ont été trouvés morts près
« de lui. Nous proposons à la Convention nationale de dé-
« créter que le capitaine Léopold d'Auverney a bien mé-
« rité de la patrie. » — Vous voyez, représentant, continua le général avec tranquillité, la différence de nos mis-
sions; nous envoyons tous deux, chacun de notre côté,
une liste à la Convention. Le même nom se trouve dans
les deux listes. Vous le dénoncez comme le nom d'un traître, moi comme celui d'un héros; vous le vouez à l'igno-
minie, moi à la gloire; vous faites dresser un échafaud,
moi un trophée : chacun son rôle. Il est heureux pourtant
que ce brave ait pu échapper dans une bataille à vos supplices. Dieu merci! celui que vous voulez faire mourir est
mort. Il ne vous a pas attendu.

Le commissaire, furieux de voir s'évanouir sa conspira
tion avec son conspirateur, murmura entre ses dents : — Il
est mort! c'est dommage! Le général l'entendit et s'écria
indigné : — Il vous reste encore une ressource, citoyen
représentant du peuple! Allez chercher le corps du capitaine d'Auverney dans les décombres de la redoute. Qui
sait? les boulets ennemis auront peut-être laissé la tête du
cadavre à la guillotine nationale!

FIN DE LA NOTE DE BUG-JARGAL.

CLAUDE GUEUX

NOTE DES ÉDITEURS.

— La lettre ci-dessous, dont l'original est déposé aux bureaux de la *Revue de Paris*, fait trop d'honneur à son auteur pour que nous ne la reproduisions pas ici. Elle est désormais liée á toutes les réimpressions de *Claude Gueux*.

Dunkerque, le 30 juillet 1834.

Monsieur le directeur de la *Revue de Paris*

Claude Gueux, de Victor Hugo, par vous inséré dans votre livraison du 6 courant, est une grande leçon ; aidez-moi, je vous prie, à la faire profiter.

Rendez-moi, je vous prie, le service d'en faire tirer à mes frais autant d'exemplaires qu'il y a de députés en France, et de les leur adresser individuellement et bien exactement.

J'ai l'honneur de vous saluer.

CHARLES CARLIER, *négociant.*

Claude Gueux.

CLAUDE GUEUX

Il y a sept ou huit ans, un homme nommé Claude Gueux, pauvre ouvrier, vivait à Paris. Il avait avec lui une fille qui était sa maîtresse, et un enfant de cette fille. Je dis les choses comme elles sont, laissant le lecteur ramasser les moralités à mesure que les faits les sèment sur leur chemin. L'ouvrier était capable, habile, intelligent, fort maltraité par l'éducation, fort bien traité par la nature, ne sachant pas lire et sachant penser. Un hiver, l'ouvrage manqua. Pas de feu ni de pain dans le galetas. L'homme, la fille et l'enfant eurent froid et faim. L'homme vola. Je ne sais ce qu'il vola, je ne sais où il vola. Ce que je sais, c'est que de ce vol il résulta trois jours de pain et de feu pour la femme et pour l'enfant, et cinq ans de prison pour l'homme.

L'homme fut envoyé faire son temps à la maison centrale de Clairvaux. Clairvaux, abbaye dont on a fait une bastille, cellule dont on a fait un cabanon, autel dont on a fait un pilori. Quand nous parlons de progrès, c'est ainsi que certaines gens le comprennent et l'exécutent. Voilà la chose qu'ils mettent sous notre mot.

Poursuivons :

Arrivé là, on le mit dans un cachot pour la nuit, et dans

27.

un atelier pour le jour. Ce n'est pas l'atelier que je blâme.

Claude Gueux, honnête ouvrier naguére, voleur désormais, était une figure digne et grave. Il avait le front haut, déjà ridé, quoique jeune encore, quelques cheveux gris perdus dans les touffes noires, l'œil doux et fort puissamment enfoncé sous une arcade sourcilière bien modelée, les narines ouvertes, le menton avancé, la lèvre dédaigneuse. C'était une belle tête. On va voir ce que la société en a fait.

Il avait la parole rare, le geste peu fréquent, quelque chose d'impérieux dans toute sa personne et qui faisait obéir, l'air pensif, sérieux plutôt que souffrant. Il avait pourtant bien souffert.

Dans le dépôt où Claude Gueux était enfermé, il y avait un directeur des ateliers, espèce de fonctionnaire propre aux prisons, qui tient tout ensemble du guichetier et du marchand, qui fait en même temps une commande à l'ouvrier et une menace au prisonnier, qui vous met l'outil aux mains et les fers aux pieds. Celui-là était lui-même une variété de l'espèce, un homme bref, tyrannique, obéissant à ses idées, toujours à courte bride sur son autorité; d'ailleurs, dans l'occasion, bon compagnon, bon prince, jovial même et raillant avec grâce; dur plutôt que ferme; ne raisonnant avec personne, pas même avec lui; bon père, bon mari sans doute, ce qui est devoir et non vertu; en un mot, pas méchant, mauvais. C'était un de ces hommes qui n'ont rien de vibrant ni d'élastique, qui sont composés de molécules inertes, qui ne résonnent au choc d'aucune idée, au contact d'aucun sentiment, qui ont des colères glacées, des haines mornes, des emportements sans émotion, qui prennent feu sans s'échauffer, dont la capacité de calorique est nulle, et qu'on dirait souvent faits de bois : ils flambent par un bout et sont froids par l'autre. La ligne principale, la ligne diagonale du caractère de cet homme, c'était la ténacité. Il était fier d'être tenace, et se comparait à Napoléon. Ceci n'est qu'une illusion d'optique. Il y a nombre de gens qui en sont dupes et qui, à certaine distance, prennent la ténacité pour de la volonté, et une chandelle pour une étoile. Quand cet homme donc avait une fois ajusté ce qu'il appelait *sa volonté* à une chose absurde, il allait tête haute et à travers toute broussaille jusqu'au bout de la chose absurde. L'entêtement sans l'intelligence, c'est la sottise soudée au bout de la bêtise et lui servant de rallonge. Cela va loin. En général, quand une catastrophe privée ou publique s'est écroulée sur nous, si nous examinons, d'après les décombres qui en gisent à terre, de quelle façon elle s'est échafaudée, nous trouvons presque toujours qu'elle a été aveuglément construite par un homme médiocre et obstiné qui avait foi en lui et qui s'admirait. Il y a par le monde beaucoup de ces petites fatalités têtues qui se croient des providences.

Voilà donc ce que c'était que le directeur des ateliers de la prison centrale de Clairvaux. Voilà de quoi était fait le briquet avec lequel la société frappait chaque jour sur les prisonniers pour en tirer des étincelles.

L'étincelle que de pareils briquets arrachent à de pareils cailloux allume souvent des incendies.

Nous avons dit qu'une fois arrivé à Clairvaux Claude Gueux fut numéroté dans un atelier et rivé à une besogne. Le directeur de l'atelier fit connaissance avec lui, le reconnut bon ouvrier, et le traita bien. Il paraît même qu'un jour, étant de bonne humeur, et voyant Claude Gueux fort triste, car cet homme pensait toujours à celle qu'il appelait *sa femme*, il lui conta, par manière de jovialité et de passe-temps, et aussi pour le consoler, que cette malheureuse s'était faite fille publique. Claude demanda froidement ce qu'était devenu l'enfant. On ne savait.

Au bout de quelques mois, Claude s'acclimata à l'air de

la prison et parut ne plus songer à rien. Une certaine sérénité sévère, propre à son caractère, avait repris le dessus.

Au bout du même espace de temps à peu près, Claude avait acquis un ascendant singulier sur tous ses compagnons. Comme par une sorte de convention tacite, et sans que personne sût pourquoi, pas même lui, tous ces hommes le consultaient, l'écoutaient, l'admiraient et l'imitaient, ce qui est le dernier degré ascendant de l'admiration. Ce n'était pas une médiocre gloire d'être obéi par toutes ces natures désobéissantes. Cet empire lui était venu sans qu'il y songeât. Cela tenait au regard qu'il avait dans les yeux. L'œil de l'homme est une fenêtre par laquelle on voit les pensées qui vont et viennent dans sa tête.

Mettez un homme qui contient des idées parmi des hommes qui n'en contiennent pas, au bout d'un temps donné, et par une loi d'attraction irrésistible, tous les cerveaux ténébreux graviteront humblement et avec adoration autour du cerveau rayonnant. Il y a des hommes qui sont fer et des hommes qui sont aimant. Claude était aimant.

En moins de trois mois donc, Claude était devenu l'âme, la loi et l'ordre de l'atelier. Toutes ces aiguilles tournaient sur son cadran. Il devait douter lui-même par moments s'il était roi ou prisonnier. C'était une sorte de pape captif avec ses cardinaux.

Et, par une réaction toute naturelle, dont l'effet s'accomplit sur toutes les échelles, aimé des prisonniers, il était détesté des geôliers. Cela est toujours ainsi. La popularité ne va jamais sans la défaveur. L'amour des esclaves est toujours doublé de la haine des maîtres.

Claude Gueux était grand mangeur. C'était une particularité de son organisation. Il avait l'estomac fait de telle sorte, que la nourriture de deux hommes ordinaires suffisait à peine à sa journée. M. de Cotadilla avait un de ces appétits-là, et en riait; mais ce qui est une occasion de

gaieté pour un duc, grand d'Espagne, qui a cinq cent mille
moutons, est une charge pour un ouvrier et un malheur
pour un prisonnier.

Claude Gueux, libre dans son grenier, travaillait tout le
jour, gagnait son pain de quatre livres et le mangeait.
Claude Gueux, en prison, travaillait tout le jour et recevait
invariablement pour sa peine une livre et demie de pain
et quatre onces de viande. La ration est inexorable. Claude
avait donc habituellement faim dans la prison de Clairvaux.

Il avait faim, et c'était tout. Il n'en parlait pas. C'était
sa nature ainsi.

Un jour, Claude venait de dévorer sa maigre pitance, et
s'était remis à son métier croyant tromper la faim par le
travail. Les autres prisonniers mangeaient joyeusement.
Un jeune homme, pâle, blanc, faible, vint se placer près
de lui. Il tenait à la main sa ration, à laquelle il n'avait
pas encore touché, et un couteau. Il restait là debout, près
de Claude, ayant l'air de vouloir parler et de ne pas oser.
Cet homme, et son pain, et sa viande, importunaient
Claude. — Que veux-tu? dit-il enfin brusquement. — Que
tu me rendes un service, dit timidement le jeune homme.
—Quoi? reprit Claude. — Que tu m'aides à manger cela.
J'en ai trop. Une larme roula dans l'œil hautain de Claude.
Il prit le couteau, partagea la ration du jeune homme en
deux parts égales, en prit une, et se mit à manger. —
Merci, dit le jeune homme. — Si tu veux, nous partage-
rons comme cela tous les jours. — Comment t'appelles-tu?
dit Claude Gueux. — Albin. — Pourquoi es-tu ici? reprit
Claude. — J'ai volé. — Et moi aussi, dit Claude.

Ils partagèrent en effet de la sorte tous les jours. Claude
Gueux avait trente-six ans, et par moments il en paraissait
cinquante, tant sa pensée habituelle était sévère. Albin
avait vingt ans, on lui en eût donné dix-sept, tant il y avait

encore d'innocence dans le regard de ce voleur. Une étroite
amitié se noua entre ces deux hommes, amitié de père à
fils plutôt que de frère à frère. Albin était encore presque
un enfant; Claude était déjà presque un vieillard.

Ils travaillaient dans le même atelier, ils couchaient sous
la même clef de voûte, ils se promenaient dans le même
préau, ils mordaient au même pain. Chacun des deux amis
était l'univers pour l'autre. Il paraît qu'ils étaient heureux.

Nous avons déjà parlé du directeur des ateliers. Cet
homme, haï des prisonniers, était souvent obligé, pour se
faire obéir d'eux, d'avoir recours à Claude Gueux, qui en
était aimé. Dans plus d'une occasion, lorsqu'il s'était agi
d'empêcher une rébellion ou un tumulte, l'autorité sans
titre de Claude Gueux avait prêté main-forte à l'autorité
officielle du directeur. En effet, pour contenir les prisonniers, dix paroles de Claude valaient dix gendarmes. Claude
avait maintes fois rendu ce service au directeur. Aussi le
directeur le détestait-il cordialement. Il était jaloux de ce
voleur. Il avait au fond du cœur une haine secrète, en-
vieuse, implacable, contre Claude, une haine de souverain
de droit à souverain de fait, de pouvoir temporel à pouvoir spirituel.

Ces haines-là sont les pires.

Claude aimait beaucoup Albin, et ne songeait pas au directeur.

Un jour, un matin, au moment où les porte-clefs transva-
saient les prisonniers deux à deux du dortoir dans l'atelier, un guichetier appela Albin, qui était à côté de Claude,
et le prévint que le directeur le demandait. — Que te veut-
on? dit Claude. — Je ne sais pas, dit Albin. Le guichetier
emmena Albin.

La matinée se passa, Albin ne revint pas à l'atelier.
Quand arriva l'heure du repas, Claude pensa qu'il retrou-
verait Albin au préau. Albin n'était pas au préau. On ren-

tra dans l'atelier, Albin ne reparut pas dans l'atelier. La
journée s'écoula ainsi. Le soir, quand on ramena les prisonniers dans leur dortoir, Claude y chercha des yeux Albin, et ne le vit pas. Il paraît qu'il souffrait beaucoup dans
ce moment-là, car il adressa la parole à un guichetier, ce
qu'il ne faisait jamais : — Est-ce qu'Albin est malade? dit-
il. — Non, répondit le guichetier. — D'où vient donc, reprit Claude, qu'il n'a pas reparu aujourd'hui? — Ah! dit
négligemment le porte-clefs, c'est qu'on l'a changé de
quartier. — Les témoins qui ont déposé de ces faits plus
tard remarquèrent qu'à cette réponse du guichetier la
main de Claude, qui portait une chandelle allumée, trem-
bla légèrement. Il reprit avec calme : — Qui a donné cet
ordre-là? — Le guichetier répondit : — Monsieur D.

Le directeur des ateliers s'appelait monsieur D.

La journée du lendemain se passa comme la journée
précédente, sans Albin.

Le soir, à l'heure de la clôture des travaux, le directeur,
monsieur D., vint faire sa ronde habituelle dans l'atelier. Du
plus loin que Claude le vit, il ôta son bonnet de grosse laine,
il boutonna sa veste grise, triste livrée de Clairvaux, car il
est de principe dans les prisons qu'une veste respectueusement boutonnée prévient favorablement les supérieurs, et
il se tint debout et son bonnet à la main à l'entrée de son
banc, attendant le passage du directeur. Le directeur
passa. — Monsieur! dit Claude. — Le directeur s'arrêta
et se détourna à demi. — Monsieur, reprit Claude, est-ce
que c'est vrai qu'on a changé Albin de quartier? — Oui,
répondit le directeur. — Monsieur, poursuivit Claude, j'ai
besoin d'Albin pour vivre.— Il ajouta : — Vous savez que
je n'ai pas assez de quoi manger avec la ration de la maison, et qu'Albin partageait son pain avec moi. — C'était
son affaire, dit le directeur.—Monsieur, est-ce qu'il n'y aurait pas moyen de faire remettre Albin dans le même

quartier que moi ? — Impossible. Il y a décision prise. —
Par qui ? — Par moi. — Monsieur D., reprit Claude, c'est
la vie ou la mort pour moi, et cela dépend de vous. — Je
ne reviens jamais sur mes décisions. — Monsieur, est-ce
que je vous ai fait quelque chose? — Rien. — En ce cas,
dit Claude, pourquoi me séparez-vous d'Albin ? — Parce
que, dit le directeur.

Cette explication donnée, le directeur passa outre.

Claude baissa la tête et ne répliqua pas. Pauvre lion en
cage à qui l'on ôtait son chien !

Nous sommes forcé de dire que le chagrin de cette séparation n'altéra en rien la voracité en quelque sorte mala-
dive du prisonnier. Rien d'ailleurs ne parut sensiblement
changé en lui. Il ne parlait d'Albin à aucun de ses camarades. Il se promenait seul dans le préau aux heures de
récréation, et il avait faim. Rien de plus.

Cependant ceux qui le connaissaient bien remarquaient
quelque chose de sinistre et de sombre qui s'épaississait
chaque jour de plus en plus sur son visage. Du reste, il
était plus doux que jamais.

Plusieurs voulurent partager leur ration avec lui : il refusa en souriant.

Tous les soirs, depuis l'explication que lui avait donnée
le directeur, il faisait une espèce de chose folle qui étonnait de la part d'un homme aussi sérieux. Au moment où
le directeur, ramené à heure fixe par sa tournée habituelle,
passait devant le métier de Claude, Claude levait les yeux
et le regardait fixement ; puis il lui adressait d'un ton plein
d'angoisse et de colère, qui tenait à la fois de la prière et
de la menace, ces deux mots seulement : *Et Albin ?* Le
directeur faisait semblant de ne pas entendre ou s'éloignait
en haussant les épaules.

Cet homme avait tort de hausser les épaules, car il était
évident pour tous les spectateurs de ces scènes étranges

que Claude Gueux était intérieurement déterminé à quelque chose. Toute la prison attendait avec anxiété quel serait le résultat de cette lutte entre une ténacité et une résolution.

Il a été constaté qu'une fois entre autres Claude dit au directeur : — Ecoutez, monsieur, rendez-moi mon camarade. Vous ferez bien, je vous assure. Remarquez que je vous dis cela.

Une autre fois, un dimanche, comme il se tenait dans le préau, assis sur une pierre, les coudes sur les genoux et son front dans ses mains, immobile depuis plusieurs heures dans la même attitude, le condamné Faillette s'approcha de lui, et lui cria en riant : — Que diable fais-tu donc là, Claude? — Claude leva lentement sa tête sévère, et dit : — *Je juge quelqu'un.*

Un soir enfin, le 25 octobre 1831, au moment où le directeur faisait sa ronde, Claude brisa sous son pied avec bruit un verre de montre qu'il avait trouvé le matin dans un corridor. Le directeur demanda d'où venait ce bruit. — Ce n'est rien, dit Claude, c'est moi. Monsieur le directeur, rendez-moi mon camarade. — Impossible, dit le maitre. — Il le faut pourtant, dit Claude d'une voix basse et ferme; et, regardant le directeur en face, il ajouta: — Réfléchissez. Nous sommes aujourd'hui le 25 octobre. Je vous donne jusqu'au 4 novembre.

Un guichetier fit remarquer à monsieur D. que Claude le menaçait, et que c'était un cas de cachot. — Non, point de cachot, dit le directeur avec un sourire dédaigneux; il faut être bon avec ces gens-là!

Le lendemain, le condamné Pernot aborda Claude, qui se promenait seul et pensif, laissant les autres prisonniers s'ébattre dans un petit carré de soleil à l'autre bout de la cour. — Eh bien! Claude, à quoi songes-tu? tu parais triste. — *Je crains*, dit Claude, *qu'il n'arrive bientôt quelque malheur à ce bon monsieur D.*

Il y a neuf jours pleins du 25 octobre au 4 novembre. Claude n'en laissa pas passer un sans avertir gravement le directeur de l'état de plus en plus douloureux où le mettait la disparition d'Albin. Le directeur, fatigué, lui infligea une fois vingt-quatre heures de cachot, parce que la prière ressemblait trop à une sommation. Voilà tout ce que Claude obtint.

Le 4 novembre arriva. Ce jour-là, Claude s'éveilla avec un visage serein qu'on ne lui avait pas encore vu depuis le jour où la *décision* de monsieur D. l'avait séparé de son ami. En se levant, il fouilla dans une espèce de caisse de bois blanc qui était au pied de son lit, et qui contenait ses quelques guenilles. Il en tira une paire de ciseaux de couturière. C'était, avec un volume dépareillé de l'*Emile*, la seule chose qui lui restât de la femme qu'il avait aimée, de la mère de son enfant, de son heureux petit ménage d'autrefois. Deux meubles bien inutiles pour Claude; les ciseaux ne pouvaient servir qu'à une femme, le livre qu'à un lettré. Claude ne savait ni coudre ni lire.

Au moment où il traversait le vieux cloître déshonoré et blanchi à la chaux qui sert de promenoir l'hiver, il s'approcha du condamné Ferrari, qui regardait avec attention les énormes barreaux d'une croisée. Claude tenait à la main la petite paire de ciseaux; il la montra à Ferrari en disant : — Ce soir je couperai ces barreaux-ci avec ces ciseaux-là.

Ferrari, incrédule, se mit à rire, et Claude aussi.

Ce matin-là, il travailla avec plus d'ardeur qu'à l'ordinaire; jamais il n'avait fait si vite et si bien. Il parut attacher un certain prix à terminer dans la matinée un chapeau de paille que lui avait payé d'avance un honnête bourgeois de Troyes, M. Bressier.

Un peu avant midi, il descendit sous un prétexte à l'atelier des menuisiers, situé au rez-de-chaussée, au-dessous de l'étage où il travaillait. Claude était aimé là comme ailleurs, mais il y entrait rarement. Aussi : —Tiens ! voilà Claude ! — On l'entoura. Ce fut une fête. Claude jeta un coup d'œil rapide dans la salle. Pas un des surveillants n'y était. — Qui est-ce qui a une hache à me prêter ? dit-il.— Pourquoi faire ? lui demanda-t-on. — Il répondit : — C'est pour tuer ce soir le directeur des ateliers. — On lui présenta plusieurs haches à choisir. Il prit la plus petite, qui était fort tranchante, la cacha dans son pantalon, et sortit. Il y avait là vingt-sept prisonniers. Il ne leur avait pas recommandé le secret. Tous le gardèrent.

Ils ne causèrent même pas de la chose entre eux.

Chacun attendit de son côté ce qui arriverait. L'affaire était terrible, droite et simple. Pas de complication possible. Claude ne pouvait être ni conseillé ni dénoncé.

Une heure après, il aborda un jeune condamné de seize ans qui bâillait dans le promenoir, et lui conseilla d'apprendre à lire. En ce moment, le détenu Faillette accosta Claude, et lui demanda ce que diable il cachait là dans son pantalon. Claude dit : — C'est une hache pour tuer monsieur D. ce soir. — Il ajouta : — Est-ce que cela se voit ? — Un peu, dit Faillette.

Le reste de la journée fut à l'ordinaire. A sept heures du soir, on renferma les prisonniers, chaque section dans l'atelier qui lui était assigné ; et les surveillants sortirent des salles de travail, comme il paraît que c'est l'habitude, pour ne rentrer qu'après la ronde du directeur.

Claude Gueux fut donc verrouillé comme les autres dans son atelier avec ses compagnons de métier.

Alors il se passa dans cet atelier une scène extraordinaire, une scène qui n'est ni sans majesté ni sans terreur, la seule de ce genre qu'aucune histoire puisse raconter.

Il y avait là, ainsi que l'a constaté l'instruction judiciaire qui a eu lieu depuis, quatre-vingt-deux voleurs, y compris Claude.

Une fois que les surveillants les eurent laissés seuls, Claude se leva debout sur son banc, et annonça à toute la chambrée qu'il avait quelque chose à dire. On fit silence.

Alors Claude haussa la voix et dit : — Vous savez tous qu'Albin était mon frère. Je n'ai pas assez de ce qu'on me donne ici pour manger. Même en n'achetant que du pain avec le peu que je gagne, cela ne suffirait pas. Albin partageait sa ration avec moi ; je l'ai aimé d'abord parce qu'il m'a nourri, ensuite parce qu'il m'a aimé. Le directeur, monsieur D., nous a séparés, cela ne lui faisait rien que nous fussions ensemble ; mais c'est un méchant homme, qui jouit de tourmenter. Je lui ai redemandé Albin. Vous avez vu, il n'a pas voulu. Je lui ai donné jusqu'au 4 novembre pour me rendre Albin. Il m'a fait mettre au cachot pour avoir dit cela. Moi, pendant ce temps-là je l'ai jugé et je l'ai condamné à mort (1), nous sommes au 4 novembre. Il viendra dans deux heures faire sa tournée. Je vous préviens que je vais le tuer. Avez-vous quelque chose à dire à cela ?

Tous gardèrent le silence.

Claude reprit. Il parla, à ce qu'il paraît, avec une éloquence singulière, qui d'ailleurs lui était naturelle. Il déclara qu'il savait bien qu'il allait faire une action violente, mais qu'il ne croyait pas avoir tort. Il attesta la conscience des quatre-vingt-un voleurs qui l'écoutaient :

Qu'il était dans une rude extrémité ;

Que la nécessité de se faire justice soi-même était un cul de-sac où l'on se trouvait engagé quelquefois ;

Qu'à la vérité il ne pouvait prendre la vie du directeur

(1) Textuel.

sans donner la sienne propre, mais qu'il trouvait bon de donner sa vie pour une chose juste;

Qu'il avait mûrement réfléchi, et à cela seulement, depuis deux mois;

Qu'il croyait bien ne pas se laisser entraîner par le ressentiment, mais que, dans le cas que cela serait, il suppliait qu'on l'en avertît;

Qu'il soumettait honnêtement ses raisons aux hommes justes qui l'écoutaient;

Qu'il allait donc tuer monsieur D., mais que, si quelqu'un avait une objection à lui faire, il était prêt à l'écouter.

Une voix seulement s'éleva, et dit qu'avant de tuer le directeur, Claude devait essayer une dernière fois de lui parler et de le fléchir.

— C'est juste! dit Claude, et je le ferai.

Huit heures sonnèrent à la grande horloge. Le directeur devait venir à neuf heures.

Une fois que cette étrange cour de cassation eut en quelque sorte ratifié la sentence qu'il avait portée, Claude reprit toute sa sérénité. Il mit sur une table tout ce qu'il possédait en linge et en vêtements, la pauvre dépouille du prisonnier, et, appelant l'un après l'autre ceux de ses compagnons qu'il aimait le plus après Albin, il leur distribua tout. Il ne garda que la petite paire de ciseaux.

Puis il les embrassa tous. Quelques-uns pleuraient, il souriait à ceux-là.

Il y eut, dans cette heure dernière, des instants où il causa avec tant de tranquillité et même de gaieté, que plusieurs de ses camarades espéraient intérieurement, comme ils l'ont déclaré depuis, qu'il abandonnerait peut-être sa résolution. Il s'amusa même une fois à éteindre une des rares chandelles qui éclairaient l'atelier avec le souffle de sa narine, car il avait de mauvaises habitudes d'éducation qui dérangeaient sa dignité naturelle plus souvent qu'il n'aurait fallu. Rien ne pouvait faire que cet ancien gamin des rues n'eût point par moments l'odeur du ruisseau de Paris.

Il aperçut un jeune condamné qui était pâle, qui le regardait avec des yeux fixes, et qui tremblait, sans doute de l'attente de ce qu'il allait voir. — Allons, du courage, jeune homme ! lui dit Claude doucement, ce ne sera que l'affaire d'un instant.

Quand il eut distribué toutes ses hardes, fait tous ses adieux, serré toutes les mains, il interrompit quelques causeries inquiètes qui se faisaient çà et là dans les coins obscurs de l'atelier, et il commanda qu'on se remît au travail. Tous obéirent en silence.

L'atelier où ceci se passait était une salle oblongue, un long parallélogramme percé de fenêtres sur ses deux grands côtés, et de deux portes qui se regardaient à ses deux extrémités. Les métiers étaient rangés de chaque côté près des fenêtres, les bancs touchant le mur à angle droit, et l'espace resté libre entre les deux rangées de métiers formait une sorte de longue voie qui allait en ligne droite de l'une des deux portes à l'autre et traversait ainsi toute la salle. C'était cette longue voie, assez étroite, que le directeur avait à parcourir en faisant son inspection; il devait entrer par la porte sud et ressortir par la porte nord, après avoir regardé les travailleurs à droite et à gauche. D'ordinaire il faisait ce trajet assez rapidement et sans s'arrêter.

Claude s'était replacé lui-même à son banc, et il s'était remis au travail, comme Jacques Clément se fût remis à la prière.

Tous attendaient. Le moment approchait. Tout à coup on entendit un coup de cloche. Claude dit : C'est l'avant-quart. — Alors il se leva, traversa gravement une partie

de la salle, et alla s'accouder sur l'angle du premier métier
à gauche, tout à côté de la porte d'entrée. Son visage était
parfaitement calme et bienveillant.

Neuf heures sonnèrent. La porte s'ouvrit. Le directeur
entra.

En ce moment-là, il se fit dans l'atelier un silence de
statues.

Le directeur était seul comme d'habitude.

Il entra avec sa figure joviale, satisfaite et inexorable,
ne vit pas Claude qui était debout à gauche de la porte,
la main droite cachée dans son pantalon, et passa rapidement devant les premiers métiers, hochant la tête, mâchant
ses paroles, et jetant çà et là son regard banal, sans s'a-
percevoir que tous les yeux qui l'entouraient étaient fixés
sur une idée terrible.

Tout à coup il se détourna brusquement, surpris d'entendre un pas derrière lui.

C'était Claude, qui le suivait en silence depuis quelques
instants.

— Que fais-tu là, toi? dit le directeur; pourquoi n'es-
tu pas à ta place?

Car un homme n'est plus un homme là, c'est un chien,
on le tutoie.

Claude Gueux répondit respectueusement : — C'est que
j'ai à vous parler, monsieur le directeur.

— De quoi?

— D'Albin.

— Encore! dit le directeur.

— Toujours! dit Claude.

— Ah çà! reprit le directeur continuant de marcher,
tu n'as donc pas eu assez de vingt-quatre heures de cachot?

Claude répondit en continuant de le suivre : — Monsieur le directeur, rendez-moi mon camarade.

— Impossible !

— Monsieur le directeur, dit Claude avec une voix qui eût attendri le démon, je vous en supplie, remettez Albin avec moi, vous verrez comme je travaillerai bien. Vous qui êtes libre, cela vous est égal, vous ne savez pas ce que c'est qu'un ami; mais, moi, je n'ai que les quatre murs de la prison. Vous pouvez aller et venir, vous; moi je n'ai qu'Albin. Rendez-le-moi. Albin me nourrissait, vous le savez bien. Cela ne vous coûterait que la peine de dire oui. Qu'est-ce que cela vous fait qu'il y ait dans la la même salle un homme qui s'appelle Claude Gueux et un autre qui s'appelle Albin? Car ce n'est pas plus compliqué que cela. Monsieur le directeur, mon bon monsieur D., je vous supplie vraiment au nom du ciel !

Claude n'en avait peut-être jamais tant dit à la fois à un geôlier. Après cet effort, épuisé, il attendit. Le directeur répliqua avec un geste d'impatience : — Impossible. C'est dit. Voyons, ne m'en reparle plus. Tu m'ennuies.

Et, comme il était pressé, il doubla le pas. Claude aussi. En parlant ainsi, ils étaient arrivés tous deux près de la porte de sortie; les quatre-vingts voleurs regardaient et écoutaient, haletants.

Claude toucha doucement le bras du directeur. — Mais au moins que je sache pourquoi je suis condamné à mort. Dites-moi pourquoi vous l'avez séparé de moi.

— Je te l'ai déjà dit, répondit le directeur. Parce que.

Et, tournant le dos à Claude, il avança la main vers le loquet de la porte de sortie.

A la réponse du directeur, Claude avait reculé d'un pas. Les quatre-vingts statues qui étaient là virent sortir de son pantalon sa main droite avec la hache. Cette main se leva, et, avant que le directeur eût pu pousser un cri, trois coups de hache, chose affreuse à dire, assénés tous les trois dans la même entaille, lui avaient ouvert le crâne. Au moment où il tombait à la renverse, un quatrième coup lui balafra le visage; puis, comme une fureur lancée ne s'arrête pas court, Claude Gueux lui fendit la cuisse droite d'un cinquième coup inutile. Le directeur était mort.

Alors Claude jeta la hache et cria : *A l'autre maintenant!* L'autre, c'était lui. On le vit tirer de sa veste les petits ciseaux de « sa femme »; et, sans que personne songeât à l'en empêcher, il se les enfonça dans la poitrine. La lame était courte, la poitrine était profonde. Il y fouilla longtemps et à plus de vingt reprises en criant : « Cœur de damné, je ne te trouverai donc pas? » et enfin il tomba baigné dans son sang, évanoui sur le mort.

Lequel des deux était la victime de l'autre?

Quand Claude reprit connaissance, il était dans un lit, couvert de linges et de bandages, entouré de soins. Il avait auprès de son chevet de bonnes sœurs de charité, et de plus un juge d'instruction qui instrumentait et qui lui demanda avec beaucoup d'intérêt : *Comment vous trouvez-vous?*

Il avait perdu une grande quantité de sang, mais les ciseaux avec lesquels il avait eu la superstition touchante de se frapper avaient mal fait leur devoir, aucun des coups qu'il s'était portés n'était dangereux. Il n'y avait de mortelles pour lui que les blessures qu'il avait faites à monsieur D.

Les interrogatoires commencèrent. On lui demanda si c'était lui qui avait tué le directeur des ateliers de la prison de Clairvaux. Il répondit : *Oui.* On lui demanda pourquoi. Il répondit : *Parce que.*

Cependant, à un certain moment, ses plaies s'envenimèrent; il fut pris d'une fièvre mauvaise dont il faillit mourir.

Novembre, décembre, janvier et février, se passèrent en soins et en préparatifs; médecins et juges s'empressaient autour de Claude; les uns guérissaient ses blessures, les autres dressaient son échafaud.

Abrégeons. Le 16 mars 1832, il parut, étant parfaitement guéri, devant la cour d'assises de Troyes. Tout ce que la ville peut donner de foule était là.

Claude eut une bonne attitude devant la cour; il s'était fait raser avec soin, il avait la tête nue, il portait ce morne habit des prisonniers de Clairvaux, mi-parti de deux espèces de gris.

Le procureur du roi avait encombré la salle de toutes les baïonnettes de l'arrondissement, « afin, dit-il à l'audience, de contenir tous les scélérats qui devaient figurer comme témoins dans cette affaire. »

Lorsqu'il fallut entamer le débat, il se présenta une difficulté singulière. Aucun des témoins des événements du 4 novembre ne voulait déposer contre Claude. Le président les menaça de son pouvoir discrétionnaire. Ce fut en vain. Claude alors leur commanda de déposer. Toutes les langues se délièrent. Ils dirent ce qu'ils avaient vu.

Claude les écoutait tous avec une profonde attention. Quand l'un d'eux, par oubli ou par affection pour Claude, omettait des faits à la charge de l'accusé, Claude les rétablissait.

De témoignage en témoignage, la série des faits que nous venons de développer se déroula devant la cour.

Il y eut un moment où les femmes qui étaient là pleurèrent. L'huissier appela le condamné Albin. C'était son tour de déposer. Il entra en chancelant; il sanglotait. Les gendarmes ne purent empêcher qu'il n'allât tomber dans les bras de Claude. Claude le soutint et dit en souriant au procureur du roi : « Voilà un scélérat qui partage son pain avec ceux qui ont faim. » Puis il baisa la main d'Albin.

La liste des témoins épuisée, monsieur le procureur du

roi se leva et prit la parole en ces termes : « Messieurs les
jurés, la société serait ébranlée jusque dans ses fonde-
ments, si la vindicte publique n'atteignait pas les grands
coupables comme celui qui, etc. »

Après ce discours mémorable, l'avocat de Claude parla.
La plaidoirie contre et la plaidoirie pour firent, chacune à
leur tour, les évolutions qu'elles ont coutume de faire dans
cette espèce d'hippodrome qu'on appelle un procès criminel.

Claude jugea que tout n'était pas dit. Il se leva à son
tour. Il parla de telle sorte, qu'une personne intelligente
qui assistait à cette audience s'en revint frappée d'étonnement.

Il paraît que ce pauvre ouvrier contenait bien plutôt un
orateur qu'un assassin. Il parla debout, avec une voix pénétrante et bien ménagée, avec un œil clair, honnête et
résolu, avec un geste presque toujours le même, mais plein
d'empire. Il dit les choses comme elles étaient, simplement, sérieusement, sans charger ni amoindrir, convint
de tout, regarda l'article 296 en face, et posa sa tête dessous. Il eut des moments de véritable haute éloquence qui
faisaient remuer la foule, et où l'on se répétait à l'oreille
dans l'auditoire ce qu'il venait de dire.

Cela faisait un murmure pendant lequel Claude reprenait haleine en jetant un regard fier sur les assistants.

Dans d'autres instants, cet homme, qui ne savait pas
lire, était doux, poli, choisi comme un lettré; puis, par
moments encore, modeste, mesuré, attentif, marchant pas
à pas dans la partie irritante de la discussion, bienveillant
pour les juges.

Une fois seulement il se laissa aller à une secousse de
colère. Le procureur du roi avait établi, dans le discours
que nous avons cité en entier, que Claude Gueux avait
assassiné le directeur des ateliers sans voie de fait ni vio-

lence de la part du directeur, par conséquent *sans provocation.*

— Quoi! s'écria Claude, je n'ai pas été provoqué! Ah!
oui, vraiment, c'est juste, je vous comprends. Un homme
ivre me donne un coup de poing, je le tue, j'ai été provoqué, vous me faites grâce, vous m'envoyez aux galères.
Mais un homme qui n'est pas ivre et qui a toute sa raison
me comprime le cœur pendant quatre ans, m'humilie pendant quatre ans, me pique tous les jours, toutes les heures, toutes les minutes, d'un coup d'épingle à quelque
place inattendue pendant quatre ans! J'avais une femme
pour qui j'ai volé, il me torture avec cette femme; j'avais
un enfant pour qui j'ai volé, il me torture avec cet enfant;
je n'ai pas assez de pain, un ami m'en donne, il m'ôte
mon ami et mon pain. Je redemande mon ami, il me met
au cachot. Je lui dit *vous*, à lui mouchard, il me dit *tu*.
Je lui dis que je souffre, il me dit que je l'ennuie. Alors
que voulez-vous que je fasse? Je le tue. C'est bien, je suis
un monstre, j'ai tué cet homme, je n'ai pas été provoqué,
vous me coupez la tête. Faites.

Mouvement sublime, selon nous, qui faisait tout à coup
surgir, au-dessus du système de la provocation matérielle,
sur lequel s'appuie l'échelle mal proportionnée des circonstances atténuantes, toute une théorie de la provocation morale oubliée par la loi.

Les débats fermés, le président fit son résumé impartial
et lumineux. Il en résulta ceci : une vilaine vie; un monstre en effet; Claude Gueux avait commencé par vivre en con-
cubinage avec une fille publique; puis il avait volé; puis
il avait tué. Tout cela était vrai.

Au moment d'envoyer les jurés dans leur chambre, le
président demanda à l'accusé s'il avait quelque chose à
dire sur la position des questions.

— Peu de chose, dit Claude. Voici, pourtant. Je suis un

voleur et un assassin, j'ai volé et j'ai tué. Mais pourquoi ai-
je volé, pourquoi ai-je tué? Posez ces deux questions à
côté des autres, messieurs les jurés.

Après un quart d'heure de délibération, sur la déclaration des douze Champenois qu'on appelait *messieurs les
jurés*, Claude Gueux fut condamné à mort.

Il est certain que, dès l'ouverture des débats, plusieurs
d'entre eux avaient remarqué que l'accusé s'appelait *Gueux*,
ce qui leur avait fait une impression profonde.

On lut son arrêt à Claude, qui se contenta de dire :
*C'est bien. Mais pourquoi cet homme a-t-il volé? Pour-
quoi cet homme a-t-il tué? Voilà deux questions auxquelles ils ne répondent pas.*

Rentré dans la prison, il soupa gaiement et dit : « Trente-
six ans de faits! »

Il ne voulut pas se pourvoir en cassation. Une des sœurs
qui l'avaient soigné vint l'en prier avec larmes. Il se pour-
vut par complaisance pour elle. Il paraît qu'il résista jusqu'au dernier instant, car, au moment où il signa son pourvoi sur le registre du greffe, le délai légal des trois jours
était expiré depuis quelques minutes.

La pauvre fille reconnaissante lui donna cinq francs. Il
prit l'argent et la remercia.

Pendant que son pourvoi pendait, des offres d'évasion
lui furent faites par les prisonniers de Troyes, qui s'y dé-
vouaient tous. Il refusa.

Les détenus jetèrent successivement dans son cachot,
par le soupirail, un clou, un morceau de fil de fer et une
anse de seau. Chacun de ces trois outils eût suffi, à un
homme aussi intelligent que l'était Claude, pour limer
ses fers. Il remit l'anse, le fil de fer et le clou au guichetier.

Le **8 juin 1832**, sept mois et quatre jours après le fait,
l'expiation arriva, *pede claudo*, comme on voit. Ce jour-là,

à sept heures du matin, le greffier du tribunal entra dans
le cachot de Claude, et lui annonça qu'il n'avait plus
qu'une heure à vivre.

Son pourvoi était rejeté.

— Allons, dit Claude froidement, j'ai bien dormi cette
nuit sans me douter que je dormirais encore mieux la
prochaine.

Il paraît que les paroles des hommes forts doivent toujours recevoir de l'approche de la mort une certaine gran-
deur.

Le prêtre arriva , puis le bourreau. Il fut humble avec
le prêtre, doux avec l'autre. Il ne refusa ni son âme, ni son
corps.

Il conserva une liberté d'esprit parfaite. Pendant qu'on
lui coupait les cheveux, quelqu'un parla, dans un coin du
cachot, du choléra qui menaçait Troyes en ce moment.

— Quant à moi, dit Claude avec un sourire, je n'ai pas
peur du choléra.

Il écoutait d'ailleurs le prêtre avec une attention extrême,
en s'accusant beaucoup et en regrettant de n'avoir pas été
instruit dans la religion.

Sur sa demande, on lui avait rendu les ciseaux avec
lesquels il s'était frappé. Il y manquait une lame, qui s'é-
tait brisée dans sa poitrine. Il pria le geôlier de faire porter de sa part ces ciseaux à Albin. Il dit aussi qu'il désirait qu'on ajoutât à ce legs la ration de pain qu'il aurait
dû manger ce jour-là.

Il pria ceux qui lui lièrent les mains de mettre dans sa
main droite la pièce de cinq francs que lui avait donnée la
sœur, la seule chose qui lui restât désormais.

A huit heures moins un quart, il sortit de la prison,
avec tout le lugubre cortége ordinaire des condamnés.
Il était à pied, pâle, l'œil fixé sur le crucifix du prêtre,
mais marchant d'un pas ferme.

On avait choisi ce jour-là pour l'exécution, parce que
c'était jour de marché, afin qu'il y eût le plus de regards
possible sur son passage ; car il paraît qu'il y a encore en
France des bourgades à demi sauvages où, quand la société
tue un homme, elle s'en vante.

Il monta sur l'échafaud gravement, l'œil toujours fixé
sur le gibet du Christ. Il voulut embrasser le prêtre, puis
le bourreau, remerciant l'un, pardonnant à l'autre. Le
bourreau *le repoussa doucement*, dit une relation. Au moment où l'aide le liait sur la hideuse mécanique, il fit signe au prêtre de prendre la pièce de cinq francs qu'il avait
dans sa main droite, et lui dit :

— *Pour les pauvres.*

Comme huit heures sonnaient en ce moment, le bruit
du beffroi de l'horloge couvrit sa voix, et le confesseur lui
répondit qu'il n'entendait pas. Claude attendit l'intervalle
de deux coups et répéta avec douceur :

— *Pour les pauvres.*

Le huitième coup n'était pas encore sonné que cette noble et intelligente tête était tombée.

Admirable effet des exécutions publiques ! ce jour-là
même, la machine étant encore debout au milieu d'eux et
pas lavée, les gens du marché s'ameutèrent pour une question de tarif et faillirent massacrer un employé de l'octroi.
Le doux peuple que vous font ces lois-là !

Nous avons cru devoir raconter en détail l'histoire de
Claude Gueux, parce que, selon nous, tous les paragraphes
de cette histoire pourraient servir de têtes de chapitre au
livre où serait résolu le grand problème du peuple au dix-
neuvième siècle.

Dans cette vie importante il y a deux phases principales :
avant la chute, après la chute ; et, sous ces deux phases,
deux questions : question de l'éducation, question de la

pénalité ; et, entre ces deux questions, la société tout entière.

Cet homme, certes, était bien né, bien organisé, bien
doué. Que lui a-t-il donc manqué? Réfléchissez.

C'est là le grand problème de proportion dont la solu-
tion, encore à trouver, donnera l'équilibre universel : *Que
la société fasse toujours pour l'individu autant que la
nature.*

Voyez Claude Gueux. Cerveau bien fait, cœur bien fait,
sans nul doute. Mais le sort le met dans une société si mal
faite, qu'il finit par voler ; la société le met dans une prison
si mal faite, qu'il finit par tuer.

Qui est réellement coupable?

Est-ce lui?

Est-ce nous?

Questions sévères, questions poignantes, qui sollicitent
à cette heure toutes les intelligences, qui nous tirent tous
tant que nous sommes par le pan de notre habit, et qui
nous barreront un jour si complétement le chemin, qu'il
faudra bien les regarder en face et savoir ce qu'elles nous
veulent.

Celui qui écrit ces lignes essayera de dire bientôt peut-
être de quelle façon il les comprend.

Quand on est en présence de pareils faits, quand on
songe à la manière dont ces questions nous pressent, on
se demande à quoi pensent ceux qui gouvernent, s'ils ne
pensent pas à cela.

Les Chambres, tous les ans, sont gravement occupées.
Il est sans doute très-important de désenfler les sinécures
et d'écheniller le budget ; il est très-important de faire des
lois pour que j'aille, déguisé en soldat, monter patrioti-
quement la garde à la porte de monsieur le comte de Lo-
bau, que je ne connais pas et que je ne veux pas connaître, ou pour me contraindre à parader au carré Marigny,

sous le bon plaisir de mon épicier, dont on a fait mon officier (1).

Il est important, députés ou ministres, de fatiguer et de tirailler toutes les choses et toutes les idées de ce pays dans des discussions pleines d'avortements ; il est essentiel, par exemple, de mettre sur la sellette et d'interroger et de questionner à grands cris, et sans savoir ce qu'on dit, l'art du dix-neuvième siècle, ce grand et sévère accusé qui ne daigne pas répondre et qui fait bien ; il est expédient de passer son temps, gouvernants et législateurs, en conférences classiques qui font hausser les épaules aux maîtres d'école de la banlieue ; il est utile de déclarer que c'est le drame moderne qui a inventé l'inceste, l'adultère, le parricide, l'infanticide et l'empoisonnement, et de prouver par là qu'on ne connaît ni Phèdre, ni Jocaste, ni Œdipe, ni Médée, ni Rodogune ; il est indispensable que les orateurs politiques de ce pays ferraillent, trois grands jours durant, à propos du budget, pour Corneille et Racine, contre on ne sait qui, et profitent de cette occasion littéraire pour s'enfoncer les uns les autres à qui mieux mieux dans la gorge de grandes fautes de français jusqu'à la garde.

Tout cela est important ; nous croyons cependant qu'il pourrait y avoir des choses plus importantes encore.

Que dirait la Chambre, au milieu des futiles démêlés qui font si souvent colleter le ministère par l'opposition et l'opposition par le ministère, si, tout à coup, des bancs de la Chambre ou de la tribune publique, qu'importe ? quelqu'un se levait et disait ces sérieuses paroles :

(1) Il va sans dire que nous n'entendons pas attaquer ici la patrouille urbaine, chose utile, qui garde la rue, le seuil et le foyer, mais seulement la parade, le pompon, la gloriole et le tapage militaire, choses ridicules, qui ne servent qu'à faire du bourgeois une parodie du soldat.

« Taisez-vous, qui que vous soyez, vous qui parlez ici,
taisez-vous! vous croyez être dans la question, vous n'y
êtes pas.

« La question, la voici : La justice vient, il y a un an à
peine, de déchiqueter un homme à Pamiers avec un eus-
tache; à Dijon, elle vient d'arracher la tête à une femme;
à Paris, elle fait, barrière Saint-Jacques, des exécutions
inédites.

« Ceci est la question. Occupez-vous de ceci.

« Vous vous querellerez après pour savoir si les boutons
de la garde nationale doivent être blancs ou jaunes, et
si l'*assurance* est une plus belle chose que la *certitude*.

« Messieurs des centres, messieurs des extrémités, le
gros du peuple souffre!

« Que vous l'appeliez république ou que vous l'appeliez
monarchie, le peuple souffre, ceci est un fait.

« Le peuple a faim, le peuple a froid. La misère le
pousse au crime ou au vice, selon le sexe. Ayez pitié du
peuple, à qui le bagne prend ses fils, et le lupanar ses
filles. Vous avez trop de forçats, vous avez trop de prosti-
tuées.

« Que prouvent ces deux ulcères?

« Que le corps social a un vice dans le sang.

« Vous voilà réunis en consultation au chevet du malade; occupez-vous de la maladie.

« Cette maladie, vous la traitez mal. Etudiez-la mieux.
Les lois que vous faites, quand vous en faites, ne sont que
des palliatifs et des expédients. Une moitié de vos codes
est routine, l'autre moitié empirisme.

« La flétrissure était une cautérisation qui gangrenait la
plaie; peine insensée que celle qui pour la vie scellait et
rivait le crime sur le criminel! qui en faisait deux amis,
deux compagnons, deux inséparables!

« Le bagne est un vésicatoire absurde qui laisse résor-

ber, non sans l'avoir rendu pire encore, presque tout le
mauvais sang qu'il extrait. La peine de mort est une am-
putation barbare.

« Or, flétrissure, bagne, peine de mort, trois choses qui
se tiennent. Vous avez supprimé la flétrissure; si vous
êtes logiques, supprimez le reste.

« Le fer rouge, le boulet et le couperet, c'étaient les
trois parties d'un syllogisme.

« Vous avez ôté le fer rouge; le boulet et le couperet
n'ont plus de sens. Farinace était atroce; mais il n'était
pas absurde.

« Démontez-moi cette vieille échelle boiteuse des crimes
et des peines, et refaites-la. Refaites votre pénalité, refaites
vos codes, refaites vos prisons, refaites vos juges. Remettez
les lois au pas des mœurs.

« Messieurs, il se coupe trop de têtes par an en France.
Puisque vous êtes en train de faire des économies, faites-
en là-dessus.

« Puisque vous êtes en verve de suppressions, supprimez le bourreau. Avec la solde de vos quatre-vingts bourreaux, vous payerez six cents maîtres d'école.

« Songez au gros du peuple. Des écoles pour les enfants,
des ateliers pour les hommes.

« Savez-vous que la France est un des pays de l'Europe
où il y a le moins de natifs qui sachent lire? Quoi! la
Suisse sait lire, la Belgique sait lire, le Danemark sait lire,
la Grèce sait lire, l'Irlande sait lire, et la France ne sait
pas lire! c'est une honte.

« Allez dans les bagnes. Appelez autour de vous toute la
chiourme. Examinez un à un tous ces damnés de la loi humaine. Calculez l'inclinaison de tous ces profils, tâtez tous
ces crânes. Chacun de ces hommes tombés a au-dessous
de lui son type bestial; il semble que chacun d'eux soit le
point d'intersection de telle ou telle espèce animale avec

l'humanité. Voici le loup-cervier, voici le chat, voici le singe, voici le vautour, voici la hyène. Or, de ces pauvres têtes mal conformées, le premier tort est à la nature sans doute, le second à l'éducation.

« La nature a mal ébauché, l'éducation a mal retouché l'ébauche. Tournez vos soins de ce côté. Une bonne éducation au peuple. Développez de votre mieux ces malheureuses têtes, afin que l'intelligence qui est dedans puisse grandir.

« Les nations ont le crâne bien ou mal fait selon leurs institutions.

« Rome et la Grèce avaient le front haut. Ouvrez le plus que vous pourrez l'angle facial du peuple.

« Quand la France saura lire, ne laissez pas sans direction cette intelligence que vous aurez développée. Ce serait un autre désordre. L'ignorance vaut encore mieux que la mauvaise science. Non. Souvenez-vous qu'il y a un livre plus philosophique que le *Compère Mathieu*, plus populaire que le *Constitutionnel*, plus éternel que la Charte de 1830; c'est l'Ecriture sainte. Et ici un mot d'explication.

« Quoi que vous fassiez, le sort de la grande foule, de la multitude, de la *majorité*, sera toujours relativement pauvre, et malheureux et triste. A elle le dur travail, les fardeaux à pousser, les fardeaux à traîner, les fardeaux à porter.

« Examinez cette balance : toutes les jouissances dans le plateau du riche, toutes les misères dans le plateau du pauvre. Les deux parts ne sont-elles pas inégales? La balance ne doit-elle pas nécessairement pencher, et l'Etat avec elle?

« Et maintenant dans le lot du pauvre, dans le plateau des misères, jetez la certitude d'un avenir céleste, jetez l'aspiration au bonheur éternel, jetez le paradis, contre-poids magnifique! Vous rétablissez l'équilibre. La part du pauvre est aussi riche que la part du riche.

« C'est ce que savait Jésus, qui en savait plus long que Voltaire.

« Donnez au peuple qui travaille et qui souffre, donnez au peuple, pour qui ce monde-ci est mauvais, la croyance à un meilleur monde fait pour lui.

« Il sera tranquille, il sera patient. La patience est faite d'espérance.

« Donc ensemencez les villages d'Evangiles. Une Bible par cabane. Que chaque livre et chaque champ produisent à eux deux un travailleur moral.

« La tête de l'homme du peuple, voilà la question. Cette tête est pleine de germes utiles. Employez pour la faire mûrir et venir à bien ce qu'il y a de plus lumineux et de mieux tempéré dans la vertu.

« Tel a assassiné sur les grandes routes qui, mieux dirigé, eût été le plus excellent serviteur de la cité.

« Cette tête de l'homme du peuple, cultivez-la, défrichez-la, arrosez-la, fécondez-la, éclairez-la, moralisez-la, utilisez-la; vous n'aurez pas besoin de la couper. »

FIN DE CLAUDE GUEUX.

.TYPOGRAPHIE DE CH. LAHURE
Imprimeur du Sénat et de la Cour de Cassation
rue de Vaugirard, 9

www.ingramcontent.com/pod-product-compliance
Lightning Source LLC
Chambersburg PA
CBHW060024100426
42740CB00010B/1579